Inhaltsverzeichnis

Einleitung 5

Ausgangslage (1945 bis 1949) 9

Zwischen Aufbruch und Stagnation – Die Ära Ulbricht (1949 bis 1971)

Erstes Wohnungsbauprogramm der Republik 15

Hoffnungsträger Siebenjahrplan 26

VI. SED-Parteitag – Reform- und Modernisierungsbestrebungen im Wohnungswesen 29

Wohnungsbaugigantismus im Zeichen der SED-Strukturpolitik 34

Neustart in der Wohnungspolitik – Die Ära Honecker (1971 bis 1989)

Aufwertung des Wohnungsbaus 41

»Jedem eine warme, trockene und saubere Wohnung!« – Honeckers großes Wohnungsbauprogramm 48

Umsetzung und Ergebnisse 50

Lösung der Wohnungsfrage 81

Neubauwohnung und Wohnkomplex 93

Alltagserfahrung Wohnungssuche

Vom Wohnungsantrag zur Wohnungszuweisung (1980er-Jahre) 105

Wohnungsamt 106

Wohnungsantrag 107

»Warten und wieder warten!« 113

Beziehungen 115
Bittgesuch 115
Eingabe 117
Parteieintritt 121
Wohnungsangebot und -zuweisung 122
Wohnungstausch 123
Do it yourself 125
Instandsetzung, Modernisierung und Ausbauwohnung 125
Wohnungsbesetzung: »Das Schwarzwohnen« 132
Arbeiterwohnungsbaugenossenschaft 136
Eigenheimbau 141

Altbaurettung im Wohnquartier (späte 1980er-Jahre) 149

Wohnwende und neue Wohnungsfrage 153

Abkürzungsverzeichnis 160

Auswahlbibliografie 161

Quellen 163

Einleitung

In der Deutschen Demokratischen Republik (DDR) wurde der gesamte Bereich des Wohnens stark vom Staat reglementiert. Kontinuierlich erweiterte er seine Einflussnahme, um die Verfügungsgewalt über den Wohnraum zu erlangen. Die Wohnungsvergabe steuerte der Staat ebenso wie die Wohnungsbautätigkeit. Sogar die Mietpreise legte er fest. Dennoch stellte die Wohnungsnot eines der größten Alltagsprobleme der Bevölkerung dar. Obdachlosigkeit bestand zu keiner Zeit. Niemand musste auf der Straße leben, da ein Mindestmaß an Unterbringung gewährleistet wurde. Die Wohnungsnot äußerte sich vielmehr in einem Mangel an qualitativ hochwertigem Wohnraum, der den Bedürfnissen der Menschen entsprach. Es fehlte an sauberen, warmen, komfortablen, bautechnisch sicheren und genügend großen Wohnungen. Der Wohnstandard in Altbauwohnungen bewegte sich oft unter oder knapp an der Zumutbarkeitsgrenze. Heizung, Bad, wohnungseigene Innentoilette sowie Warmwasseranschluss sind heute Normalität, waren hingegen zu DDR-Zeiten ein Wohnluxus.

Der Wohnungsfrage – also der Frage nach einer umfassenden Versorgung der Bevölkerung mit Wohnraum in quantitativer und qualitativer Hinsicht – nahm sich die Führung der Sozialistischen Einheitspartei Deutschlands (SED) frühzeitig an. Das Wohnen als sozial-gesellschaftliches Ereignis zählt zu den wichtigsten menschlichen Grundbedürfnissen, weshalb ihm die Partei eine zentrale Funktion bei der Errichtung einer sozialistischen Gesellschaftsordnung zuschrieb. Über das Wohnen ließ sich direkt Einfluss auf die Lebenswelt der Bürger nehmen. Die SED begann die Wohnverhältnisse der Bevölkerung im sozialistischen Sinn zu gestalten und modernen Ansprüchen anzupassen.

Neben wirtschaftspolitischen Interessen, wie z. B. der Ansiedlung von Arbeitskräften an Orten mit hohem Personalbedarf, stand hinter den wohnungspolitischen Steuerungsmaßnahmen die sozialpolitisch motivierte Idee einer umfassenden staatlichen Fürsorge. In ihrem Selbstverständnis als Arbeiterpartei hatte sich die SED eine gerechte Verteilung des Wohnraums sowie die Schaffung gleicher Wohnverhältnisse zum Ziel gesetzt. Ein finanzielles Ausbeuten und ein Benachteiligen der Arbeiterschaft wie in vorsozialistischer Zeit durfte es nach Ansinnen der Parteiführung beim Wohnen nicht mehr geben. Damit sollte sich eine der zentralsten und frühesten Forderungen der revolutionären deutschen Arbeiterbewegung erfüllen. Von der Parteiführung wurde dieser Umstand stets als große Errungenschaft propagiert, wodurch dem Wohnen eine starke ideologische Funktion zukam. Aber auch die Belohnung und Erzeugung von Systemloyalität mithilfe einer Wohnung waren handlungsleitend. Vor allem während Honeckers Regierungszeit wurden die Maßnahmen des Staats zur Lösung der Wohnungsfrage gezielt als Mittel der Systemlegitimierung und -stabilisierung eingesetzt.

Bei der Behebung der Wohnungsnot setzte die SED auf den industriellen Massenwohnungsbau. Rund 2,2 Millionen in Block- und Plattenbauweise errichtete Wohneinheiten (WE) verteilten sich landesweit v. a. auf Neubaugebiete und riesige Wohnkomplexe, die bis heute das architektonische Aussehen und die Wohnlandschaft der neuen Bundesländer prägen. Seine Hochphase erfuhr der Massenwohnungsbau unter Honecker. Mit einem großen Wohnungsbauprogramm versuchte Honecker, die Wohnungsfrage bis zum Jahr 1990 zu lösen. Das Vorhaben erwies sich jedoch als ein komplexes Phänomen. Die Bewältigungsstrategien in der Plan- und Mangelwirtschaft gestalteten sich vielfältig und widersprüchlich. Allen inneren und äußeren Krisen zum Trotz hielt die SED bis Ende 1989 an ihrem Bauprogramm fest.

Für die Bevölkerung blieb das Thema Wohnungssuche ein leidiger Aspekt des Lebensalltags. Viele Betroffene teilten ähnliche Erfahrungen. Jahrelanges Warten, Ärger mit dem Wohnungsamt und das Verfassen von Eingaben gehörten ebenso dazu wie Improvisationstalent und Beharrlichkeit. Die Wohnungssuche lässt sich als Mischung aus Hoffnung und Resignation, Wut und gefundenem Glück beschreiben. Die staatliche Zuteilung einer Wohnung erwies sich als Wegmarke in den Biografien zahlreicher DDR-Bürger.

Bundesarchiv, Bild 183-J0423-0502-002, Erich Dumm

Instandsetzung kriegsbeschädigter Häuser in Halle an der Saale, 1947.

Bundesarchiv, Bild 183-R85033, Schaaf

Bau von Neubauernhöfen bei Halberstadt, Sommer 1948.

Ausgangslage (1945 bis 1949)

Durch den Zweiten Weltkrieg waren auf dem Gebiet der Sowjetischen Besatzungszone (SBZ) etwa 870.000 Wohnungen von den einst 5,2 Millionen (Stand 1939) vollständig zerstört, was einem Abgang von etwa 17 Prozent entspricht. Besonders schwer traf es Groß- und Mittelstädte. Halberstadt und Dessau verloren gut 80 Prozent, Nordhausen und Plauen 75 Prozent, Dresden 65 Prozent und Magdeburg 50 Prozent ihres Wohnungsbestandes. Im sowjetisch besetzten Ostteil Berlins fehlten zum Kriegsende 40 Prozent: von den ursprünglich 575.000 Wohnungen blieben 345.000 übrig. Leipzig verlor 40.000 Wohnungen und 52.000 galten als schwer beschädigt. Weit weniger betroffen waren Gotha, Erfurt, Eisenach oder Schwerin. Diese Städte büßten zwischen drei und fünf Prozent ihres Wohnungsbestandes ein. Vor allem in sehr umkämpften ländlichen Regionen litt die Wohnsubstanz, wie in vielen Dörfern des Oderbruchs oder an wichtigen Verkehrswegen. Unter anderem hatte Creuzburg hohe Verluste zu verzeichnen. Beim Vorrücken der Alliierten nach Thüringen büßte die Kleinstadt unter amerikanischem Artilleriebeschuss am 1. April 1945 etwa 85 Prozent ihrer Wohnhäuser ein.

Da üblicherweise nicht nur ganze Wohnungen, sondern auch Einzelzimmer vermietet wurden, und Wohnungen teils mit mehreren Parteien belegt waren, wog der kriegsbedingte Abgang umso schwerer. Schätzungsweise 7,3 Millionen Wohnräume weniger standen den Einwohnern in der SBZ zur Verfügung. Die hohe Zahl an Flüchtlingen aus den ehemaligen deutschen Ostgebieten sowie Hunderttausende Kriegsheimkehrer verschärften die Not. Mitte 1947 stieg die Bevölkerungszahl im Vergleich zu 1939 um 14,6 Prozent von 15,1 auf 17,3 Millionen. Der Anteil an Wohnungssuchenden bewegte sich bei schätzungsweise 1,5 Millionen. Nur über eine Mehrfachbelegung von Wohnungen sowie eine Wohnungszwangswirtschaft zur effektiven Nutzung der verfügbaren Raumkapazitäten ließ sich die Versorgung mehr schlecht als recht gewährleisten.

Die Regulierung der Wohnraumverteilung lag vollständig in der Hand der staatlichen Verwaltung und somit unter Einflussnahme der SED. Von diesem Zeitpunkt an galt die Wohnung als soziales Gut. Nur so glaubte man, »kapitalistische Wohnstrukturen« überwinden und die Wohnungsfrage beheben zu können. Dazu wurde der private Wohnungsmarkt aufgelöst. Staatliche Wohnungsämter waren für alle Wohnangelegenheiten zuständig. Ihnen oblag sowohl die Belegung des kommunalen als auch privaten Wohnraums. Das Eigentum an Wohnhäusern und Wohnraum verbot die SED während ihrer gesamten Herrschaft nicht, dafür konnten Haus- und Wohnungseigentümern die Nutzungsrechte entzogen werden. Nur dadurch ließen sich Zehntausende Flüchtlingsfamilien auf Einzelzimmer in Privatwohnungen und -häusern verteilen.

Die Menschen waren gezwungen, sich räumlich zu beschränken und noch enger zusammenzurücken. Der Wohnkomfort war niedrig. Beschädigte Wände, Dächer und Treppenaufgänge sowie fehlende Heizmöglichkeiten und Sanitäranlagen stellten massive Beeinträchtigungen dar, mit denen man sich arrangierten musste. Rund 760.000 Wohnungen galten als teilzerstört. Sie dienten vielfach als Provisorium und Unterschlupf. Rund eine Million Menschen fanden selbst in überbelegten Wohnungen keine Bleibe. Sie mussten auf Garagen, Keller, Ställe, Lager oder Baracken ausweichen. Die schmutzigen, feuchten und schwer beheizbaren Quartiere waren Brutstätten für Typhus und Tuberkulose.

Nur etwa zwei Drittel des Wohnungsbestandes der SBZ befand sich in einem akzeptablen Zustand. Deren Anteil nahm aber weiter ab. Die Besatzungsmacht requirierte für die Unterbringung von Soldaten, der Militärverwaltung sowie der sowjetischen Geheimpolizei Wohnhäuser und Wohnungen. Gleichzeitig musste Wohnraum umgewidmet werden, denn zahlreiche Geschäfts- und Verwaltungsgebäude waren funktionsuntüchtig.

In den vier Besatzungsjahren lag der Schwerpunkt der Bauaktivitäten auf der Instandsetzung der teilzerstörten Wohnungen. Knapp die Hälfte konnte durch staatliche Bauinitiativen und insbesondere durch private Baumaßnahmen bis Oktober 1949 wieder hergerichtet werden. Eine umfassende und grundlegende Sanierung erfolgte angesichts der schwierigen Umstände und aufgrund des akuten Materialmangels eher selten. Es fehlten Baumaschinen, Werkzeuge, Baumaterial, Transportkapazitäten und Fachkräfte. Bauhandwerker und Laien arbeiteten Hand in Hand und konnten vielfach nur improvisieren, um Häuser notdürftig bewohnbar zu machen. In der Regel hieß das, die sanitären Einrichtungen wiederherzustellen und die gröbsten Ausbesserungen vorzunehmen. Der Erhalt der Wohnraumsubstanz erwies sich als Wettlauf gegen die Zeit. Einfache Reparaturen reichten oft nicht aus, besonders bei komplizierten Zerstörungsbildern. Und so ließ sich der Verfall von 130.000 teilzerstörten Wohnungen nicht mehr aufhalten. Diesen Trend konnte der überschaubare Neubau von Wohnobjekten nicht abfedern. In den Städten der SBZ kamen während der vier Besatzungsjahre nur etwa 15.000 Wohnungen neu hinzu.

Das größte Neubauprojekt fand indes auf dem Land statt und war die Kampagne zur Errichtung von 101.800 Neubauernhäusern im Zeitraum von 1947 bis 1950. Im Zuge der Bodenreform (1945 bis 1948) versprach man Neubauernfamilien (meist besitzlose Landarbeiter, Kriegsflüchtlinge und Heimatvertriebene aus den Ostgebieten) Kleinsthäuser mit Stube, Schlafraum und Küche als schnelle und billige Wohnlösung.

Dem Programm gingen einige kleinere Bauprojekte voraus. Mit Neuheide entstand im März 1946 auf dem enteigneten Gelände des Rittergutes Großfurra bei Sondershausen die erste Neubauernsiedlung in der SBZ. In den Häusern mit einer Grundfläche von 8,5 mal 20 Metern befanden sich Wohn- und Wirtschaftsbereiche unter einem Dach. Die Wohnräume

Bundesarchiv, Bild 183-N0304-304, Otto Donath

Bau von Neubauernhäusern in Wolmirsleben (Kreis Wanzleben) zum Teil mit Baumaterial vom Abriss des ehemaligen Gutshauses, 1948.

(Stube, Küche und Schlafzimmer) im vorderen Teil des Gebäudes grenzten an die Futterküche, den Stall sowie die Scheune. Im Stall hatten bis zu vier Rinder, Jungvieh und zwei Schweine Platz. Die Pläne für die 18 Häuser in Natur- bzw. Lehmbauweise (Innenwände und Dächer aus Strohlehm) stammten von der Arbeitsgemeinschaft für ländliches Bauen und Siedlungswesen an der Staatlichen Hochschule für Baukunst und bildende Künste Weimar. Neben dem in Neuheide eingesetzten Typenbau »Thüringen« wurden weitere regional angepasste Varianten für die gesamte SBZ entworfen.

Erst im Herbst 1947 startete das landesweite Programm zur massenhaften Errichtung von Neubauernhäusern. Größtes Problem war fehlendes Baumaterial. Um den Mangel zu beheben, wurde von der Sowjetischen Militäradministration der Befehl Nr. 209 zum Abbruch von Herren- und Gutshäusern erlassen. Die Materialausbeute war aber oftmals niedrig. Gleichzeitig verschlechterte sich die Wohnsituation der Neubauern, denn diese hatte man zumeist in den von den Eigentümern verlassenen Gutshäusern übergangsweise einquartiert. Durch strukturelle Planungsdefizite, unklare Zuständigkeitsverhältnisse, Landflucht sowie Baustoffengpässe blieb das gesteckte Ziel von über 100.000 Neubauernhäusern bis zur Gründung der DDR nur zu 21 Prozent erfüllbar.

alamy RGPW10

Provisorische Unterkunft in einem Bahnwaggon, Leipzig 1948.

Zwischen Aufbruch und Stagnation – Die Ära Ulbricht (1949 bis 1971)

Erstes Wohnungsbauprogramm der Republik

Zur Staatsgründung der DDR war die Wohnraumsituation angespannt. Rund 1,2 Millionen Wohnungen wurden benötigt. Auf den Ämtern stapelten sich die Wohnungsanträge, wovon 600.000 als besonders dringlich galten. Gleichzeitig versicherte die Staatsführung, sich der Wohnungsfrage anzunehmen und die Versorgung mit Wohnraum zu gewährleisten. In der Verfassung von 1949 heißt es: »Jedem Bürger und jeder Familie ist eine gesunde und ihren Bedürfnissen entsprechende Wohnung zu sichern«. Dahinter verbarg sich aber keinesfalls das Recht auf eine eigene Wohnung, sondern nur die Garantie einer Unterbringung. Notunterkünfte in Holzbaracken und in ungenutzten Zimmern oder Kammern von bewohnten Wohnungen oder Eigenheimen blieben bis weit in die 1950er-Jahre an der Tagesordnung. Die staatlich organisierte Mehrfachbelegung war mitunter von Zwang und Willkür begleitet.

Der Staat sicherte sich nicht nur die Nutzungsrechte am Boden, sondern begann auch frühzeitig mit der schrittweisen Verstaatlichung der Bauwirtschaft, um so die Nutzungsgewalt über die materiell-technischen und humanen Ressourcen dieses Sektors zu erlangen. Die junge DDR stand vor der Großaufgabe, ein Land aus eigener Kraft neu aufzubauen. Die Wohnungsfrage bildete für die SED deshalb nur eine »Baustelle« von vielen. Zahlreiche Verwaltungsgebäude, Schulen, Universitäten, Kultureinrichtungen sowie

Bundesarchiv, Bild 183-18947-0025, Krüger

Errichtung von Wohnbauten in Stalinstadt (später Eisenhüttenstadt), März 1953.

Infrastrukturobjekte, wie Geschäfte, Kliniken oder Bahnhöfe, mussten rekonstruiert oder neu errichtet werden. Höchste Priorität besaß die Entwicklung einer funktionstüchtigen Industrie und Infrastruktur. Die Fokussierung darauf war ein Gebot des wirtschaftlichen Überlebens, denn die DDR erhielt im Gegensatz zur Bundesrepublik keine Aufbauhilfen. Vielmehr wurden ihr durch die Sowjetunion vor und nach 1949 Ressourcen entzogen.

Der Wohnungsbau war dem Industriebau nachgeordnet und sollte in erster Linie der Industrie- und Wirtschaftspolitik dienen. Auf Ulbrichts Initiative hin wurde der Wohnungsbau an den Aufbauorten der wichtigsten Produktionsstätten, also der Schwer-, Rüstungs-, Grundstoff-, Anlagen-, Chemie- sowie Energieindustrie und im Verkehrswesen, konzentriert durchgeführt, um dort eine Ansiedlung bzw. Ballung von Arbeitskräften zu erreichen. Durch die gezielte Versorgung von Industriearbeitern mit neuen, sauberen Wohnungen erwartete man angesichts der landesweit hohen Fluktuation unter den Arbeitskräften eine große Betriebs- bzw. Arbeitsplatztreue, die Bildung von Stammbelegschaften sowie eine Reduktion illegaler Übersiedlungen in die Bundesrepublik.

Stalinstadt (Eisenhüttenstadt), Hoyerswerda, Rostock, Bitterfeld, Leuna sowie die Produktionsstätten der Wismut in Sachsen und Thüringen zählten u. a. zu den Aufbaustandorten. Beispielsweise entstanden innerhalb von fünf Jahren jeweils 6.000 Wohneinheiten in Stalinstadt (ab 1951) und in Hoyerswerda (ab 1955) zur Ansiedlung Tausender neuer Arbeitskräfte für die Stahlschmiede sowie das Braunkohleveredelungswerk »Schwarze Pumpe«. Die Einwohnerzahl Stalinstadts stieg von 2.400 im Jahr 1952 auf 15.150 im Jahr 1955. Beide Orte wurden zu Wohnstädten ausgebaut. Sie erlangten das Prädikat einer »sozialistischen Vorzeigestadt« und den Titel »erste und zweite sozialistische Stadt auf deutschem Boden«. Bei der Errichtung fanden die Prinzipien einer sozialistischen Architektur- und Städtebauweise Anwendung. Dabei übernahm man das städtebauliche Planungselement des Wohnkomplexes aus der Sowjetunion, welches neben den reinen Wohnobjekten Infrastruktur- und Versorgungseinrichtungen umfasste. Die Qualität der soliden Wohnungen lag hinsichtlich der Ausstattung mit Innentoilette und -bad sowie der Wohnfläche deutlich über dem Landesdurchschnitt. DDR-weit konnten 1950 nur 29 Prozent der Wohnungen eine Innentoilette und 20 Prozent ein Bad vorweisen. Gerade einmal zwei Prozent besaßen eine Zentralheizung. Im Mittel verfügte jede Wohnung über 2,5 Zimmer.

Obwohl die verbesserten Wohnbedingungen an den Industriestandorten einen Arbeitskräftezuzug nicht nur ermöglichen, sondern auch beschleunigen sollten, führte die Prioritätssetzung im Wohnungswesen zu einem Auseinanderklaffen der Wohnbedingungen in der DDR. Besonders die Einwohner von Kleinstädten und Gemeinden fühlten sich benachteiligt, was zum Leidwesen der Arbeiter- und Bauernpartei die Landflucht vorantrieb. Um die Bevölkerung auf dem Land zu halten, startete eine Kampagne zur Aufwertung der dortigen Wohn- und Lebensbedingungen. In Angriff genommen wurde der

Umbau von 200 Dörfern zu sogenannten »sozialistischen Dörfern«. Hierbei folgte man der Idee von fortschrittlichen, sauberen und strukturierten Wohn-, Freizeit- und Arbeitseinheiten. Das Dorf Mestlin, etwa 40 Kilometer östlich von Schwerin und Sitz der damals größten Landwirtschaftlichen Produktionsgenossenschaft (LPG) der DDR, wurde unter den 200 Gemeinden zum »sozialistischen Musterdorf« auserkoren. Im Eilverfahren hatte man die alte Bausubstanz abgetragen und durch moderne, komfortable Wohnneubauten mit Be- und Entwässerung ersetzt. An die Stelle von holprigen, matschigen Wegen traten nun geteerte Straßen mit Beleuchtung und Kanalisation. Konsum, Kindergarten, Schule und sogar ein Krankenhaus durften nicht fehlen. Ein für den Ort überdimensionales Kulturhaus mit 700 Quadratmetern entstand. Darin waren neben einem Festsaal das Standesamt, Versammlungsräume, die Zentralbibliothek, ein Kino sowie eine Klubgaststätte mit Weinstube untergebracht. Als DDR-Vorzeigedorf mit überdurchschnittlichen Lebensbedingungen avancierte Mestlin für zahlreiche Landbewohner, vor allem für junge Familien, zum Sehnsuchtsort. Die Einwohnerzahl schnellte in kurzer Zeit auf etwa 1.700 an. Gleichzeitig war der Ort repräsentativer Anziehungspunkt für die DDR-Prominenz mit ihren ausländischen Gästen.

Höchste Priorität bei der Wohnraumversorgung wurde Ost-Berlin zuteil. Im republikweiten Vergleich konnte die Hauptstadt den größten Neubauzuwachs vorweisen. Ihr Wiederaufbau besaß eine enorme ideologische sowie gesellschafts- und wirtschaftspolitische Symbolkraft sowohl nach innen als auch nach außen. Für die SED bzw. die junge Republik war Ost-Berlin Vorzeigeobjekt und wichtigster Verwaltungssitz. Der rasche Wiederaufbau demonstrierte den Machtanspruch der Partei und sollte die wirtschaftliche sowie gesellschaftliche Kraft und Überlegenheit des Sozialismus zeigen. Seit ihrer Gründung stand die DDR in einem ständigen Wettbewerb mit der Bundesrepublik, der ebenfalls auf dem Gebiet des Wohnens ausgetragen wurde. Das Ringen beider Systeme trat im Fall Berlins aufgrund der Teilung und der damit bedingten räumlichen Nähe sowie wegen der historischen und politischen Bedeutung der Stadt besonders stark hervor. Eines der wichtigen Prestigeobjekte war der Wohnungsneubau in der Berliner Stalinallee. Die Straße stand für einen Neubeginn, eine »goldene Zukunft« des Landes unter Führung der SED, sowie für die enge Freundschaft mit der Sowjetunion. Die stark zerbombte ehemalige »Große Frankfurter Straße« wurde ab 1950 zu einem Prachtboulevard nach sowjetischem Vorbild ausgebaut. Pompöse Wohnhäuser, die schnell unter dem Begriff »Arbeiterpaläste« bekannt wurden, säumen bis heute die Straße. Die Wohnungen waren für damalige Verhältnisse hell, luftig und geräumig. Sie verfügten über eine Zentralheizung, eine wohnungseigene Innentoilette, ein Bad sowie über fließend warmes und kaltes Wasser. In den Hauseingängen stand jederzeit ein Portier zu Diensten. All das suggerierte der Bevölkerung eine Wohnmoderne und einen Wohnkomfort, den die SED aber zu keinem Zeitpunkt andernorts erreichen konnte und wollte.

Mit etwas bescheideneren Wohnstandards als in der Stalinallee begann Anfang der 1950er-Jahre der staatliche Neubau in den stark zerstörten Groß- und Mittelstädten, wie Dresden, Magdeburg, Chemnitz, Dessau, Rostock, Nordhausen oder Leipzig. Zwischen 1951 und 1952 entstanden beispielsweise in der Straße der III. Weltfestspiele (heute Jahnallee) fünfgeschossige Ziegelgebäude mit insgesamt 238 Wohnungen als erster staatlicher Wohnungsneubau in der Stadt Leipzig. Ein weiteres markantes Großprojekt war die Ringbebauung des Roßplatzes mit 197 Wohnungen in den Jahren 1953 bis 1955. Diese Maßnahmen wurden teils vom Nationalen Aufbauwerk (NAW) der DDR begleitet, das 1951 als Masseninitiative in Trägerschaft der Nationalen Front gegründete wurde. In zahlreichen freiwilligen Arbeitsstunden wurden durch Helfer Trümmer beseitigt sowie Gebäude neu errichtet oder instand gesetzt. Das NAW ging aus dem »nationalen Aufbauprogramm Berlin« hervor und war anfangs nur für Bauvorhaben in Ost-Berlin vorgesehen. Später wurde dessen Tätigkeit auf die gesamte DDR ausgeweitet. NAW-Helfer waren vor allem beim Bau der

Bundesarchiv, Bild 183-18095-0006, Krueger

Hausbau in der Berliner Stalinallee (später Karl-Marx-Allee) im Januar 1953.

Bundesarchiv, Bild 183-20145-0015, Günter Weiß

Hausbau in der Berliner Stalinallee (später Karl-Marx-Allee) am Strausberger Platz im Juni 1953.

Stalinallee beteiligt sowie an der Gewinnung von Baumaterial für Wohnungsbauprojekte in den zerstörten Städten. Schwerpunkt der Arbeit bildete hingegen die Umsetzung von Gesellschaftsprojekten, wie Kulturhäuser, Schulen, Turnhallen oder Feuerwehrstationen.

Obwohl die freiwilligen Helfer, die privaten Bauhandwerker und die staatliche Wohnungsbauwirtschaft einen Kraftakt beim Wiederaufbau leisteten, blieben die Ergebnisse auf dem Gebiet des Wohnungswesens hinter den Erwartungen zurück. Statt pompöse Wohnpaläste forderte die Bevölkerung eine raschere Verbesserung ihrer Wohnbedingungen und einen forcierteren Wohnungsneubau, wofür die SED-Spitze noch nicht bereit war. Ändern sollte sich das mit dem Volksaufstand am 17. Juni 1953. Erstmals wurde die Parteiführung mit den harten Fakten des sozialen Unmuts konfrontiert. Daraufhin schlug die SED einen neuen Kurs ein, welcher mehr den Bedürfnissen der Bevölkerung nachkommen und für sozialen Frieden sorgen sollte. Der Wohnungsbau erhielt eine materielle und finanzielle Aufwertung, sodass ab 1953/54 republikweit intensivere Baumaßnahmen stattfanden. Die Zahl der Neubauten steigerte sich um knapp ein Drittel. Neben der staatlichen Bauwirtschaft schufen ebenfalls Wohnungsbaugenossenschaften neuen Wohnraum.

Die Zulassung von Arbeiterwohnungsbaugenossenschaften (AWG) war ein weiteres Ergebnis des neuen Kurses der SED. Sie schienen für den Abbau der Wohnungsnot zwingend erforderlich. Die AWGs waren an mindestens einen sogenannten Trägerbetrieb gebunden. Trägerbetriebe unterstützten ihre AWGs finanziell aus Gewinnausschüttungen oder durch Materialzugaben. 1954 gründete sich in der Warnowwerft Rostock eine der ersten AWGs. Bis 1958 entstanden etwa 1.200 AWGs mit landesweit 160.000 Mitgliedern. Zu einer der Mitgliederstärksten zählte die 1956 von der Sowjetisch-Deutschen Aktiengesellschaft (SDAG) Wismut gegründete AWG »Glück Auf« Gera. 1959 waren dort 640 Mitglieder registriert. Jedoch standen die AWGs nicht jedem Bürgen offen. In den Anfangsjahren beschränkte sich der Mitgliederkreis ausschließlich auf die Angehörigen der beteiligten Trägerbetriebe. Für die Betriebe vereinfachte das die Wohnraumversorgung unter der Stammbelegschaft. Mit der Bindung an die Genossenschaftswohnung erhoffte man sich den Effekt einer größeren Betriebstreue. Ab 1957 durften vereinzelt Angehörige von Einrichtungen des Handels, der Post oder der staatlichen Verwaltungen beitreten. Die Aufnahme als Genossenschaftler war an gewisse Bedingungen geknüpft. Neben dem nachgewiesenen Wohnraumbedarf mussten bis zur Wohnungszuteilung Genossenschaftsanteile erworben werden. Deren Anzahl richtete sich nach der gewünschten Wohnungsgröße. Außerdem hatte jeder Genossenschaftler manuelle Eigenleistungen zu erbringen. Die Bautätigkeit erfolgte zumeist in Kooperation mit privaten, staatlichen und halbstaatlichen Baubetrieben. Bauland stellte der Staat zur Verfügung, genauso wie zinslose Kredite.

Der produktive Anteil der AWGs am Gesamtwohnungsneubauvolumen lag in den späten 1950er-Jahren bei rund 20 Prozent. Dadurch waren sie eine relevante Größe. Mit 52 Prozent standen aber die privaten Bauherren an der Spitze. Sie bildeten die Hauptkraft bei der Wohnraumschaffung. Deren Leistungen bei der Werterhaltung waren beachtlich, fanden jedoch in den staats- und parteioffiziellen Verlautbarungen kaum Widerhall.

Insgesamt kamen landesweit zwischen 1949 und 1959 über 370.000 Wohnungen durch Neubau hinzu. Weitere 136.000 WE wurden durch Umbaumaßnahmen gewonnen oder konnten mittels Instandsetzungen wieder dem Bestand zugeführt werden. Infolge einer Vernachlässigung dringender Sanierungsmaßnahmen diente knapp ein Fünftel der Neubauten als Ersatz für den verfallbedingten Wohnraumabgang. Die Verteilungsengpässe im Bauwesen gingen stets zu Lasten des Wohnungsbaues. Gleichzeitig dominierten traditionelle handwerkliche Technologien. Diese bedingten lange Bauzeiten, waren kosten-, material- und personalintensiv und schufen nur geringe Quantitäten. Dafür setzte man auf handwerkliche

Qualität und architektonische Schönheit. Vor allem zu Beginn der 1950er-Jahre wurde die Frage nach der Verbesserung der Wohnbedingungen nicht allein von sozialen Überlegungen bestimmt. Vielmehr überwogen idealistisch-künstlerische Aspekte. Die sozialistische Wohnkultur – ob bei der Inneneinrichtung oder der Architektur – wurde nach ästhetischen Gesichtspunkten ausgerichtet. Leitlinien kamen aus der Sowjetunion. So entstanden repräsentative Wohnhauszeilen im Stil des Sozialistischen Klassizismus, der in der Sowjetunion entwickelt wurde und von einer monumentalen, ausschweifenden Ornamentik der Gebäudefassaden und Innenwände gekennzeichnet ist. Die Architekturform unterlag zahlreichen Variationen, da eine Anpassung an regionale Bautraditionen erfolgte. Mit Wohnobjekten in diesem Baustil verband man die Idee, für die Arbeiterklasse anspruchsvolle Wohnverhältnisse zu schaffen. Dieses Ansinnen bezog sich nicht allein auf das äußere Erscheinungsbild. Die Häuser wiesen durch ihre hochwertige Ausstattung, Funktionalität sowie großzügige und praktische Raumaufteilung einen überdurchschnittlichen Komfort auf. Der Baustil kam u. a. beim Wiederaufbau Neubrandenburgs, Dresdens und Magdeburgs oder bei der Errichtung neuer Wohnsiedlungen, wie Rostock Reutershagen I (1953 bis 1957) oder Stalinstadt (Eisenhüttenstadt), großflächig zum Einsatz. Bedeutende Einzelprojekte waren die Stalinallee in Ost-Berlin oder der Leipziger Roßplatz. Landesweit entstanden Gebäude als Lückenfüller bzw. anstelle einzelner kriegszerstörter Häuser. Das Ausstattungs- und Bauniveau variierte je nach politischer oder wirtschaftlicher Bedeutung des Standortes. Trotzdem übertrafen alle Gebäude den lokalen Standard, weshalb die Wohnungen überaus begehrt waren.

Die durchschnittliche Wartezeit auf eine Wohnung (Alt- und Neubau) betrug DDR-weit fünf bis sechs Jahre für eine Familie. Alleinstehende mussten zum Teil acht bis zehn Jahre warten. In Zehntausenden Beschwerden machten unzufriedene Bürger ihrem Ärger über die angespannte Wohnraumsituation Luft. Bewegende Schicksale finden sich darin wieder. Kaum

Bundesarchiv Bild 183-08305-0077, Heinz Funck

Fertigstellung der ersten Wohnungen in der »Wohnzelle Friedrichshain« an der Berliner Stalinallee (später Karl-Marx-Allee) im Jahr 1950. Es entstanden zwei sogenannte Laubenganghäuser im Baustil der Moderne, der von den Idealen der Bauhaus-Architektur beeinflusst wurde. Aber schon 1951 galt dieser Architekturstil als dekadent.

eine Gewerkschaftsleitung schätzte die Wohnraumlage nicht als »katastrophal« ein. Mitte der 1950er-Jahre gab es beispielsweise in Jena 6.000 Wohnungssuchende. Vor allem die Wohnraumverantwortlichen des Volkseigenen Betriebs (VEB) Carl Zeiss Jena bekamen den Unmut der wohnungssuchenden Belegschaft zu spüren. In einem Bericht an die Werksleitung heißt es: »Unsere Kollegen, die die Sprechstunde durchführen, können nur noch mit den besten Worten zur Weiterführung ihrer Arbeit veranlasst werden. Es häufen sich die schweren Zusammenstöße, da die Wohnungssuchenden kaum mehr zu vertrösten sind.«

Trotz der politisch-ideologischen Bedeutung des Wohnens reichten keine der bis dahin ergriffenen Maßnahmen aus, um den hohen Wohnungsbedarf der noch jungen Republik zu decken. Das Leistungsvermögen des Bauwesens bewegte sich

Bundesarchiv, Bild 183-55755-0001, Biscan

Wohnhauszeile in der Wilhelm-Pieck-Allee Magdeburg im Stil des Sozialistischen Klassizismus, Mai 1958.

mit etwas über 370.000 neuen WE in den ersten zehn Jahren des Bestehens der DDR deutlich unter demjenigen der Bundesrepublik. Allein zwischen 1949 und 1956 schuf der westliche Nachbar 3,5 Millionen neue Wohnungen und im Jahr 1959 waren es sogar fast 589.000. Die von der SED anvisierten Mengenziele lagen weit unter dem tatsächlichen Bedarf und wurden jährlich verfehlt. Dennoch war die Zahl der Wohnungsanträge in den späten 1950er-Jahren leicht rückläufig. Der Grund bereitete der Parteiführung keinesfalls Freude. In der Hoffnung auf bessere Lebensbedingungen kehrten immer mehr Menschen der DDR den Rücken. Tausende Wohnungsanträge wurden Makulatur. Durch die anhaltend hohe Fluchtbewegung gen Bundesrepublik gingen Zehntausende Häuser und Wohnungen in die Hand des Staates über und wurden frei für eine Neubelegung.

Hoffnungsträger Siebenjahrplan

Die Enttäuschung über die anhaltenden Unzulänglichkeiten bei der Wohnqualität und Wohnraumversorgung war bei der Bevölkerung groß. Deshalb sollte der am 1. Oktober 1959 beschlossene Siebenjahrplan (Laufzeit von 1959 bis 1965) mit seinem umfangreichen Wohnungsbauprogramm Abhilfe für die etwa 700.000 Wohnungssuchenden schaffen. Ulbricht versicherte, dass am Ende des Siebenjahrplanes durch den Bau sowie die Instandsetzung von rund 772.000 Wohnungen die Wohnungsnot in der gesamten DDR der Vergangenheit angehöre. Sein ehrgeiziges Vorhaben verkündete er mit den Worten: »daß im Laufe des Siebenjahrplanes, d.h. bis 1965, der noch bestehende Wohnungsmangel im wesentlichen überwunden werden muß. [...] Mit diesem Wohnungsbauprogramm wird erstmalig in einem Teil Deutschlands – in der Deutschen Demokratischen Republik – durch die Arbeiter- und Bauernmacht die seit Jahrhunderten bestehende Wohnungsnot der werktätigen Massen in historisch kürzester Frist beseitigt.«

Die Grundlage für Ulbrichts Vorhaben bildete der forcierte Einsatz des industriellen Bauens, weil Forderungen nach einer Beschleunigung des Wohnungsbaues sowie nach Einsparungen laut wurden. Durch standardisierte Bautypen mit einheitlichen Grundrissen und in Serie vorgefertigten Bauelementen war ein ökonomischer und effizienter Wohnungsbau angesichts kürzerer Bauzeiten und eines geringen Aufwands möglich. Die Planvorgaben glaubte man in erster Linie mit dem Bau von Trabantenstädten sowie kleineren Neubausiedlungen auf der »grünen Wiese« zu erreichen. Ab 1953 erfolgte schrittweise die Einführung des industriellen Bauens und schon 1960 lag dessen Anteil am gesamten Wohnungsneubau bei 50 Prozent.

Zuerst kam die Bauform der Großblockbauweise zum Einsatz. Anstatt Mauern arbeitsintensiv in traditioneller Form vor Ort mit der Stein-auf-Stein-Methode zu errichten, setzten Bauhandwerker die im Gießverfahren hergestellten Blockelemente variabel nach dem Baukastenprinzip zusammen. Die Bauteile punkteten durch ihr geringes Gewicht, jedoch benötigte man mehrere für ein Wand- oder Deckensegment. Bei der Großtafel- bzw. Großplattenbauweise (umgangssprachlich Plattenbauweise), die ab Mitte der 1960er-Jahre zur führenden Bauform aufstieg, war für ein Wandsegment nur noch eine aus Stahlbeton vorgefertigte, großflächige Platte nötig. Während in Blockbauweise Viergeschosser mit Spitzdach dominierten, ließen sich mit der Plattenbauweise nicht nur Geschosshöhen von mehr als fünf Etagen erreichen, sondern auch Gebäude mit Flachdächern errichten. Das sparte Ziegel und Arbeitszeit.

Wichtige Baustandorte bestimmten die SED-Wirtschaftsvorhaben, u. a. des »Chemieprogramm der SED« von 1958. Wohnsiedlungen entstanden beispielsweise für die Arbeitskräfte des Erdölverarbeitungswerks in Schwedt. Die übrigen Industriesektoren blieben nicht ganz unberücksichtigt. Ab 1957 hielt mit dem Bau der Nordsiedlung I die Großblockbauweise in der Stadt Jena Einzug, wo wichtige Produktionsstätten der optischen Industrie sowie Glasindustrie der DDR (VEB Carl Zeiss Jena sowie VEB Jenaer Glaswerk Schott & Genossen) beheimatet waren. Die ersten mehrgeschossigen Wohnblöcke wurden entlang der Leipziger Straße errichtet. Aber nicht allein die Wirtschaftszentren sollten profitieren. Für das Land bestanden ebenfalls große Pläne. Unter anderem sah der Eichsfeldplan (1958) vor, die wirtschaftliche Entwicklung des wenig industrialisierten Eichsfeldes im Nordwesten des Bezirkes Erfurt konzentriert voranzutreiben. Das Dorf Leinefelde wurde als Standort einer Baumwollspinnerei auserkoren und zur Stadt ausgebaut. Wohnblocks im industriellen Fertigungsverfahren dienten der Ansiedlung mehrerer Tausend Menschen.

Mit dem industriellen Wohnungsbau folgte die DDR einem weltweiten Trend. Zeitgleich entstanden Siedlungen in Großblock- sowie Plattenbauweise in der Sowjetunion und ihren Satellitenstaaten, aber auch in der Bundesrepublik, in Frankreich, in Skandinavien oder in den Vereinigten Staaten von Amerika, wo 1902 diese Bauform erstmalig zum Einsatz kam.

Der industrielle Wohnungsbau beschränkte sich nicht allein auf randstädtische Siedlungen. Wie in der Bundesrepublik konzentrierte man sich auf die großflächige Neugestaltung der durch den Krieg in Mitleidenschaft gezogenen Innenstädte, um so repräsentative Zentren aufzubauen.

Der Einsatz des industriellen Bauens führte zur Steigerung der DDR-Wohnungsproduktion um jährlich 10.000 Einheiten. Der positive Trend sollte aber keinesfalls über regionale Verwerfungen hinwegtäuschen. Fortschritte in Leipzig oder Ost-Berlin standen akuten Plandefiziten in den Bezirken Gera und Suhl gegenüber. Probleme mit der Technik sowie bei der praktischen Umsetzung der Prozesse behinderten den Bauablauf. In einem Bericht des Wirtschaftsrates beim Rat des Bezirkes Gera für das erste Halbjahr 1960 heißt es: »Die Fertigstellung der Wohnungseinheiten ist völlig zurückgeblieben. Der Bezirk Gera steht an letzter Stelle in der Republik.« Dabei wurde moniert: »Der Wohnungsbau war in den letzten Monaten mehr oder weniger dem Selbstlauf überlassen«, was schließlich zu einem Planrückstand von über 70 Prozent führte. Für die wohnungssuchende Bevölkerung und die Wohnungsämter eine »Katastrophe«, wie der Wirtschaftsrat resignierte. Etwas weniger drastisch zeigten sich die Ergebnisse in anderen Teilen der Republik. Dennoch waren die Entwicklungen in den beiden thüringischen Bezirken Indikatoren für Planungsschwierigkeiten und erste Turbulenzen im Siebenjahrplan.

Ulbricht hielt an seinem Bauprogramm zur Beseitigung der Wohnungsnot fest. Die versprochene Hochstufung des Wohnungsbaus in der Rangfolge »volkswirtschaftlich bedeutender Planziele« kam aber erst in der zweiten Hälfte des Jahres 1960 zum Tragen. Durch die damit verbundene materielle und personelle Aufstockung der Baubetriebe konnten die meisten Hemmnisse beseitigt und die Arbeitsproduktivität gesteigert werden. Von da an befand sich der Wohnungsbau auf einer Erfolgsspur. Im Sommer 1961 wurde die Produktion jedoch etwas gebremst. Gründe waren die zunehmende wirtschaftliche Schieflage der DDR und insbesondere der schrittweise befestigte Ausbau der Grenze zur Bundesrepublik. Der außergewöhnlich hohe Bedarf an Baumaterial und Bauarbeitern für die Grenzanlagen sowie die Sicherungs- und Versorgungsgebäude der Grenztruppen waren weder im Siebenjahrplan noch im jährlichen Volkswirtschaftsplan vorgesehen. Trotzdem konnten durch die stärkere Berücksichtigung des Wohnungswesens 85.580 WE im Jahr 1961 und etwas über 80.000 im Jahr 1962 gebaut werden. Das waren nicht die anvisierten Zielgrößen, aber die höchsten Produktionsstände seit Republikgründung. Aufgrund der massiven wirtschaftlichen Schwierigkeiten stieß das Bauwesen an seine Grenzen. Eine Anhebung der Bauzahlen war ausgeschlossen, vielmehr zeichnete sich eine rückläufige Tendenz ab. Zur Sicherung von Vorhaben im Industriebau wurden dem Wohnungsbau vermehrt Kapazitäten entzogen. Bis 1965 über 772.000 Wohnungen zu schaffen und den Wohnstandard der Bundesrepublik zu erreichen, erwies sich als aussichtsloses Vorhaben. Die andauernde Überforderung der DDR-Wirtschaft angesichts überzogener Vorgaben in vielen Gesellschaftsbereichen sowie Sektoren der Volkswirtschaft führte schließlich Ende des Jahres 1962 zum Scheitern des Siebenjahrplanes. Der Abbruch des Siebenjahrplanes bedeutete die Aufgabe aller angekündigten Wohnungsbauziele.

VI. SED-Parteitag – Reform- und Modernisierungsbestrebungen im Wohnungswesen

In vermeintlich greifbare Nähe rückte die Lösung der Wohnungsfrage mit dem VI. SED-Parteitag 1963. Ulbricht präsentierte mit dem »Neuen Ökonomischen System der Planung und Leitung der Volkswirtschaft« (NÖS) ein neues Wirtschaftsprogramm. Ziel war die Modernisierung der Volkswirtschaft zur Steigerung der Produktivität. Mit dem Reformprogramm erhoffte man sich notwendige Impulse für eine zügige und effiziente Entwicklung des industriellen Wohnungsbaues. Das veranlasste Ulbricht zu dem erneuten Versprechen: »Die Partei widmet ihre Kräfte der Aufgabe, alle Werktätigen mit Wohnungen ausreichend zu versorgen. Der Kern des Wohnungsproblems besteht in den nächsten Jahren darin, den Wohnungsmangel, eine der schlimmen Folgen des verbrecherischen Hitlerkrieges, zu überwinden.«

Der seit Mitte der 1950er-Jahre verfolgte Zentralisierungs- und Konzentrationsprozess im staatlichen Wohnungsbau wurde forciert weitergeführt. Die bestehende Zersplitterung der Leitungen, der einzelnen Bauträger sowie die Vermischung der Zuständigkeiten auf dem Gebiet des Neubaus und der Werterhaltung hatte man aufgehoben, um das Bauwesen institutionell nach dem Produktionsprinzip neu zu ordnen. Anfang der 1960er-Jahre kam es in jedem Bezirk sowie in Ost-Berlin zur Bildung von Wohnungsbaukombinaten (WBK), welche den Großteil des staatlichen Wohnungsneubaus übernahmen und direkt dem jeweiligen Bezirksbauamt unterstanden. Sie waren auf den industriellen Massenwohnungsbau spezialisiert. Dort bündelten sich alle materiellen, technischen und humanen Kapazitäten. Das Aufgabenspektrum reichte von der Projektierung über die Produktion der Bauelemente in den angegliederten Plattenwerken bis hin zur Montage auf den Baustellen. Dabei standen ihnen u. a. Hoch- und Tiefbaukombinate, bezirkliche Projektierungsbüros sowie Betriebe der Baustoffversorgung und technischen Gebäudeausrüstung zur Seite. Alle Maßnahmen erfolgten in Abstimmung mit den Bauämtern auf Bezirks-, Kreis- und Stadtebene. Weiterhin oblag den Wohnungsbaukombinaten der Entwurf eigener Gebäudetypen. Dies erfolgte in enger Kooperation mit der Hochschule für Architektur und Bauwesen Weimar sowie der Deutschen Bauakademie (ab 1973 Bauakademie der DDR), welche in erster Linie die unterschiedlichen Plattentypenserien entwickelte.

Einen kleineren Teil des Wohnungsneubaues übernahmen Kreisbaubetriebe sowie Landbaubetriebe, auch wenn ihr Fokus auf der Errichtung von Produktionsstätten und Gesellschaftseinrichtungen lag. Gebaut wurden einzelne,

Bundesarchiv, Bild 183-89885-0001, Horst Sturm

Blick auf die an der Berliner Karl-Marx-Allee entstandenen Neubaublocks, 24. Januar 1962.

niedriggeschossige Wohnobjekte in Innenstädten sowie in Gemeinden für die dort ansässigen LPGs und Industriebetriebe.

Für die Bewirtschaftung der kommunalen Wohnungen waren die »volkseigenen örtlichen Wohnungs- und Grundstücksverwaltungen« zuständig, die ab 1958 in VEB Kommunale Wohnungsverwaltung (KWV) umbenannt wurden. Angesiedelt bei den Räten der Städte und Gemeinden (Fachorgan Wohnungspolitik/Wohnungswirtschaft) hatten sie Werterhaltungsmaßnahmen durchzuführen. Unterstützung erhielten die Kommunen in späteren Jahren durch kreiseigene Reparaturbetriebe sowie bezirkliche Reparaturkombinate.

Der Ausführung des Wohnungsneubaues ging meist eine mehrjährige Planung in den Bauämtern bei den Räten der Bezirke, Kreise und Städte voraus. Eine wesentliche Rolle spielten Fragen der Stadt-, Raum- und Wirtschaftsplanung sowie der Koordinierung des Bauverlaufes. Handlungsleitend waren die zentralen Vorgaben. Über die Grundlinien der Wohnungspolitik wurde im Politbüro entschieden. Das betraf unter anderem den Umfang und die Standorte des Wohnungsbaues oder die Prinzipien der Wohnungsverteilung. Die Entscheidungen traf ein kleiner Kreis aus Mitgliedern des Politbüros sowie des Zentralkomitees (ZK). Die wichtigsten Akteure waren dabei der Erste Sekretär des ZK der SED (Generalsekretär) sowie der ZK-Sekretär für Wirtschaft.

Entsprechend dem in der DDR vorherrschenden Prinzip des demokratischen Zentralismus sowie der doppelten Unterstellung lag die Umsetzung der Wohnungspolitik sowohl in der Hand der Partei- als auch der Staatsorgane. Während sich die Parteiorgane für die Anweisung sowie Kontrolle der staatlichen Organe der jeweiligen Leitungsebene verantwortlich zeigten, erfolgte die praktische Verwirklichung der zentralen Parteidirektiven zur Wohnungspolitik hingegen durch die Organe des Staatsapparates. Beim Ministerrat wurden im Rahmen der Vorgaben des Politbüros sowie der ZK-Sekretariate die entsprechenden Beschlüsse zur Wohnungspolitik gefasst. Hervorzuheben ist, dass, entgegen dem DDR-üblichen Grundsatz der Konzentration und Zentralisierung, auf dem Sektor der Wohnungspolitik eine starke Zersplitterung bei der Organisation und Planung vorlag. Weder beim Ministerrat noch beim ZK existierte ein spezielles Organ, das ausschließlich für die Wohnungspolitik zuständig war. Vielmehr verteilten sich die wohnungspolitischen Kompetenzen auf verschiedene Fachorgane. So sind die Aufgaben arbeitsteilig in erster Linie von der Staatlichen Plankommission, dem Ministerium für Bauwesen sowie dem Ministerium für Finanzen wahrgenommen worden. Diese Organisationspraxis führte dazu, dass sich Kompetenzen einzelner Fachbereiche überschnitten und diese miteinander darum konkurrierten. Die Hauptverantwortung für die Umsetzung der vom Ministerrat getroffenen Vorgaben lag ab 1965 bei den Räten der Bezirke.

Die im Zuge des NÖS erfolgte Strukturreform im Bauwesen versetzte die DDR nicht in der Lage, das Planziel von jährlich 99.000 WE zu erfüllen oder die Ergebnisse des Jahres 1961 zu reproduzieren. Vielmehr machten sich schon 1964 die Schwächen des NÖS auf dramatische Weise bemerkbar. Besonders unter den Kürzungen von Rohstofflieferungen aus der Sowjetunion litt massiv die Volkswirtschaft. Das störte in der Folge alle Planvorhaben. Die Wohnungsneubauleistung nahm rapide ab und sank 1966 auf ein Tief von 53.366 WE. Um diese Entwicklung abzufedern, forcierte die Staatsführung in den Folgejahren den Um- und Ausbau sowie die Instandsetzung von Wohnungen. Etwa 12.000 Wohnungen jährlich ließen sich so zwischen 1965 und 1970 aufwerten bzw. in einen bewohnbaren Zustand versetzen. Den Rückgang beim Neubau vermochten diese Maßnahmen nur minimal auszugleichen. Sie waren zu keinem Zeitpunkt bedarfsgerecht. Der Altbaubestand verfiel zusehends und bedurfte dringender Reparaturen. Selbst die Hauptstadt mit ihrem Vorrang im Wohnungswesen blieb davon nicht verschont. Rund 353.000 der 453.000 registrierten Wohnungen waren im Jahr 1965 reparaturbedürftig.

Die Indienstnahme der Wohnungspolitik für die Wirtschaftspolitik war für Ulbricht weiterhin maßgebend: »Es wird notwendig sein, sich im Wohnungsbau auf die Industrieschwerpunkte und Stadtzentren zu konzentrieren. Gegenwärtig ist es so, daß wichtige Aufgaben in neuen Industriezentren nicht erfüllt werden, weil für die Arbeitskräfte nicht die notwendigen Wohnungen zur Verfügung stehen.« Unabhängig von ideologischen Phrasen und sozialpolitischer Rhetorik wogen ökonomische Zwänge sowie Prestigefragen für Ulbricht mehr als sozialpolitische Belange. Als Werbeträger des Sozialismus und Demonstrationsobjekte des politischen, gesellschaftlichen und ganz besonders wirtschaftlichen Fortschritts galten die Bezirksstädte und dabei insbesondere Schrittmacherstädte wie Ost-Berlin, Leipzig, Magdeburg, Karl-Marx-Stadt (Chemnitz), Dresden oder Halle. Punktuell plante der Staat riesige Schlafstädte. Errichtet wurden Zweckbauten, um so viele Menschen wie möglich zu beherbergen. Mit Halle-West (später in Halle-Neustadt umbenannt) entstand vor dem Hintergrund des »Chemieprogramms der SED« (1958) ab Herbst 1963 eines der bedeutendsten Großsiedlungsprojekte der DDR. Ausgelegt war die Trabantenstadt für mehrere Tausend Arbeitskräfte der chemischen Industrie der Leunawerke im nahen Leuna sowie der Buna-Werke in Schkopau. All diese Bauvorhaben besaßen einen hohen Versorgungsrang mit Baustoffen und Arbeitskräften. Mit ähnlicher Triebkraft verfolgte die SED u. a. den Innenstadtumbau der Bezirksstädte Suhl und Karl-Marx-Stadt. Die historische Bausubstanz wurde im großen Stil abgerissen und durch Plattenbauten ersetzt.

Wohnungsbauprojekte an nachgeordneten Standorten beschränkte die Staatsführung auf das Nötigste. Die Wohnungssuchenden wurden von den für die Wohnungspolitik zuständigen staatlichen und parteilichen Organen gezielt vertröstet und durch das Versprechen auf eine bessere Zukunft hingehalten. Die unzureichende Wohnraumversorgung wurde dabei stets als ein Relikt des Kapitalismus und des NS-Regimes propagiert. Von der Bevölkerung erwartete Ulbricht ein Arrangieren mit der persönlichen Wohnsituation und Verständnis dafür, dass die Entwicklung einer fortschrittlichen Volkswirtschaft im Vordergrund stehe. Aber die Fokussierung auf große Wohnsiedlungsprojekte in Ballungs- und Industriezentren resultierte in einem Ungleichgewicht bei der Wohnraumverteilung und somit in einer Verschärfung der Wohnungsnot zum einen an den Orten, die keine allzu hohe wirtschaftliche Priorität besaßen und vom Neubau fast unberücksichtigt blieben, und zum anderen an den Baustandorten selbst. Die Lenkung von Arbeitskräften in die Ballungszentren und deren bevorzugte Versorgung mit Wohnraum führte in der Konsequenz zu einer Vernachlässigung der ansässigen Bevölkerung. Damit gewann die Wohnungsnot umso mehr an Brisanz.

Wohnungsbaugigantismus im Zeichen der SED-Strukturpolitik

Die SED-Führung verlangte von den wohnraummäßig benachteiligten Bürgern große Entbehrungen, wurde doch deren Lebensqualität fundamental eingeschränkt. Statt der erhofften Verbesserungen änderten sich die Wohnbedingungen nur minimal. Die Wohnungsnot avancierte zur größten »Alltagssorge«, was sich in einer Vielzahl von Eingaben und Beschwerden niederschlug. Konfrontationen zwischen Wohnungssuchenden und den Wohnungsämtern sowie betrieblichen Sozialstellen, aber auch unter den Suchenden selbst, blieben nicht aus und störten den sozialen Frieden, wodurch die Wohnungsfrage im Verlauf der 1960er-Jahre an sozialer Sprengkraft gewann.

Mit dem VII. Parteitag 1967 wurde die zuvor beschriebene Entwicklung sogar verstärkt. Ulbrichts neue Wirtschafts- bzw. Strukturpolitik des Ökonomischen Systems des Sozialismus (ÖSS) war auf den Ausbau von Hochtechnologien ausgerichtet. Diese hatte zum Ziel, ausgewählte, sogenannte strukturbestimmende Schlüsselindustrien bzw. Technologiezweige – vorrangig auf dem Gebiet der Elektronik, Elektrotechnik und des Wissenschaftlichen Gerätebaues – konzentriert zu fördern, um diese »Spitzen- und Pionierleistungen« erbringen zu lassen. Umfangreiche Investitionsvorhaben zum Bau gigantischer Industrie- und Wohnkomplexe waren vorgesehen. Eines der größten Projekte betraf die Stadt Jena. Nach Ulbrichts Vorstellung sollte Jena im Zeitraum von 1969 bis 1975 zu einem »Zentrum der Großforschung und -produktion für die Rationalisierungs- und Automatisierungstechnik der DDR« entwickelt werden. Hinter diesem Vorhaben stand die planvolle Verkettung von Industrieproduktion und Universitätsforschung zur Förderung des beim VEB Carl Zeiss angesiedelten Industriezweigs des Wissenschaftlichen Gerätebaues. Neben der Errichtung ausgedehnter Produktionsanlagen für den VEB Carl Zeiss war ein moderner Universitätskomplex mit Forschungsgebäuden geplant. Der enorme Arbeitskräftebedarf sollte über die Ansiedlung geregelt werden. Man rechnete mit einem Anstieg der Bevölkerung um 55.000 Personen innerhalb von fünf Jahren. Voraussetzung dafür war die Schaffung zusätzlichen Wohnraumes in Form von 18.300 Neubauwohnungen im Stadtzentrum sowie vorrangig an der südlichen Peripherie Jenas. Jena avancierte zur Großbaustelle. Nicht ohne Stolz verkündete der Bezirksbaudirektor, dass in Jena »ab 1970 täglich mehr Bauleistungen realisiert werden, als gegenwärtig auf der größten Baustelle der Republik, dem Berliner Alexanderplatz.«

Indem die Staats- und Parteiführung die Anzahl der Projekte und somit die Investitionen permanent erhöhte, überstieg die Strukturpolitik bei Weitem die wirtschaftliche Leistungsfähigkeit der Republik und führte zu einer anhaltenden Wirtschafts- und Wachstumskrise. Die ohnehin knappen Ressourcen wurden auf immer mehr Projekte verteilt, wodurch sich die Versorgungslage auf den Baustellen verschärfte. Stillstand auf den Bauplätzen, die Verschleppung bestehender Bauvorhaben sowie Ressourcenkämpfe zwischen den Bezirken und Baubetrieben führten im Jahr 1969 zu einem Wohnungsbaurückstand von 20 Prozent. Die Konsequenzen waren fatal. 1969 konnten allein im Jenaer Zeiss-Betrieb 500 Arbeitskräfte »wegen fehlender WE nicht eingestellt werden« oder sie lehnten den Arbeitsvertrag wegen »der relativ langen Wartezeit auf eine Wohnungszuweisung ab.« Gezwungenermaßen komprimierte die Staatsführung einen Großteil der Bauaktivitäten. Der landesweite Wohnungsbauplan für 1970 wurde drastisch reduziert. Aber das geschwächte Bauwesen erreichte selbst das geschmälerte Mengenziel nur knapp. Spätestens Ende des Jahres 1970 war das Scheitern der Strukturpolitik offensichtlich. Die einseitige Konzentration der begrenzten Ressourcen auf den Ausbau der Hochtechnologien ging mehr und mehr zu Lasten des Lebensstandards der Bevölkerung. Und so blieben die Wohnwertverbesserungen vielerorts weit hinter den Erwartungen zurück.

Der Wohnungsbestand verjüngte sich schleppend. Die Wohnverhältnisse im Altbau empfanden viele Bürger als trostlos. Rund 65 Prozent aller Wohnungen besaßen weder ein eigenes Bad noch eine eigene Toilette. Das Etagenbad sowie Etagen- oder Außentoiletten dominierten die Wohnverhältnisse. Die Zentralheizung war vor allem ein Luxus weniger städtischer Wohnungen. Geheizt wurden die Zimmer in erster Linie mit einzelnen Kohleöfen. In der Küche war der Propangasherd weiterhin die wichtigste Wärmequelle. 1970 verfügten nur knapp 10 Prozent aller Wohnungen über die drei Komfortausstattungsmerkmale Bad, Toilette und Zentralheizung. Aufgrund der geringen Wohnungsgrößen kamen nur wenige Kinder und Jugendliche in den Genuss eines eigenen Zimmers als Rückzugsraum. Aber nicht allein die Ausstattung, sondern auch der bauliche Zustand der vor 1945 errichteten Wohnobjekte sorgte für Unzufriedenheit. Bei den bezirklichen Plankommissionen fielen allzu oft Entscheidungen gegen eine Sanierung zugunsten des Neubaus. Gleichzeitig wurde die Bautätigkeit privater und genossenschaftlicher Hand zurückgefahren.

Beim genossenschaftlichen Wohnungsbau sank der Anteil an der Gesamtbauleistung von 63 Prozent im Jahr 1962 auf 17 Prozent im Jahr 1971. Hauptgrund für die schrittweise Reduzierung waren gegensätzliche Interessenslagen zwischen Wirtschaftsplanern und den Genossenschaften. Vor dem Hintergrund von Ulbrichts Wirtschaftspolitik mit ihrer Fokussierung auf ausgewählte Wirtschaftsstandorte erschien Wohnraumökonomen die ausschließliche Entscheidungsgewalt des Staates über den Bau und die Belegung der Neubauwohnungen weitaus lukrativer als die Beteiligung der Genossenschaften an den Baukosten oder die Erbringung von Eigenleistungen beim Innenausbau. Zur Regulierung der AWGs blieben staatliche Kredite aus. Sogar der Ministerrat erließ einen landesweiten Aufnahmestopp für AWG-Mitglieder.

Einschränkungen galten ebenso für den privaten Wohnungsbau. Diesen hatte der Staat noch drastischer sanktioniert. Von ursprünglich über 70 Prozent Anfang der 1950er-Jahre rutschte dessen Produktivanteil bereits 1960 auf sieben Prozent. 1969 lag die Quote bei unter einem Prozent und 1970 wurde DDR-weit kein einziges privates Eigenheim errichtet. Die rasant abnehmende Zahl privater Baubetriebe machte es schwierig, Handwerker, Material und Bautechnik zu bekommen. Aber das war für die Bauherren keinesfalls das größte Problem. Gezielt blockierte der Staat private Bauaktivitäten, indem Bauland nicht mehr freigegeben wurde oder Baugenehmigungen und Sparkassenkredite verwehrt wurden. Mit großem Ehrgeiz verfolgte die SED das Ziel, den staatlichen Anteil am Gesamtwohnungsbestand der DDR zu erhöhen, um ihre Kontroll- und Zugriffsrechte über den Wohnraum zu erweitern. Nur so glaubte die Partei, ihre Vorstellung von gleichen Wohnbedingungen für alle Bürger im Sozialismus zu verwirklichen. Der private Eigenheimbau stand einem solchen Ansinnen entgegen. Parteiideologen interpretierten das Eigenheim als Relikt kleinbürgerlicher Lebensmentalität, das Neidreaktionen sowie soziale Abgrenzungstendenzen unter der Bevölkerung hervorrufe.

Trotz allen Hinhaltens versuchte die Partei mit kleinen Gesten, den Wünschen der Bevölkerung entgegenzukommen. Aber dadurch wurden die Bürger in ihrem Verlangen nach Wohnverbesserungen zusätzlich bestärkt. Im Artikel 37 der neuen Verfassung vom 6. April 1968 gewährte der Staat jedem Bürger das »Recht auf Wohnraum für sich und seine Familie«. Zusätzlich versprach man einen forcierten Wohnungsbau sowie eine gerechte Wohnraumvergabe. Dieses erstmals in der Geschichte der DDR verfassungsmäßig festgeschriebene »Recht« auf eine Wohnung entstammte dem ideologischen Einlenken der Parteiführung angesichts der enttäuschten Reaktionen der Bevölkerung auf die wohnungspolitischen Ergebnisse des VII. Parteitages. Enthielt die Verfassung von 1949 die bloße Zusicherung einer wohnraummäßigen Unterbringung, besaß der Bürger nun das »Recht«, beim Staat eine »eigene« Wohnung einzufordern. Und selbst die hinzugefügte Klausel, wonach dieses Recht nur »entsprechend den volkswirtschaftlichen Möglichkeiten und örtlichen Bedingungen« gewährt werde, hielt die Wohnungssuchenden nicht davon ab. Die Zahl der Wohnungsanträge sowie Eingaben zu Wohnungsangelegenheiten stieg sprunghaft an, was die Partei- und Staatsorgane massiv unter Druck setzte.

Jahr	Wohnungsneubau					Um- und Ausbau sowie Instandsetzung
	Plan	Ist	davon in industrieller Bauweise		Planrückstand in Prozent	
			Anzahl	Prozent		
1949	---	15.320			---	14.480
1950	---	19.470			---	11.530
1951	---	28.950			---	32.050
1952	---	22.360			---	25.229
1953	---	29.340			---	2.956
1954	---	31.409			---	3.291
1955	---	29.736			---	3.064
1956	42.425	31.294	50	0,2	26,2	1.506
1957	54.990	45.702	3.600	7,9	16,9	15.398
1958	60.000	49.561	5.725	11,6	17,4	13.905
1959	70.000	67.314	15.132	22,5	3,8	12.639
1960	86.700	71.857	23.098	32,1	17,1	8.632
1961	99.000	85.580	41.074	48,0	13,6	6.429
1962	99.000	80.139	49.441	61,7	19,1	7.110
1963	99.000	69.321	50.185	72,4	30	6.647
1964	99.000	69.345	56.882	82,0	30	7.270
1965	99.000	58.303	52.694	90,4	41,1	9.859
1966	57.786	53.366	49.597	92,9	7,6	11.912
1967	61.253	59.107	54.427	92,1	3,5	17.211
1968	65.644	61.863	55.267	89,3	5,8	14.124
1969	70.773	56.547	51.029	90,2	20,1	13.764
1970	66.000	65.786	59.187	90,0	0,3	10.302

Tab. 1: Ergebnisse im Wohnungsneubau sowie auf dem Gebiet des Um- und Ausbaus und der Instandsetzung in Wohneinheiten für die Jahre 1949 bis 1970. Konkrete bzw. offizielle Plangrößen sind nur für wenige Jahre vorhanden. Bei den Werten handelt es sich vor allem um Berechnungen und Studienergebnisse aus der Veröffentlichung von Hannsjörg Buck (siehe Buck: Mit hohem Anspruch gescheitert, S. 201–203, 264–265 und 286).

Keines der von Ulbricht initiierten Wohnungsbauprogramme wurde vollständig umgesetzt. Die hohen Zielstellungen auf dem Gebiet der Wohnungspolitik erwiesen sich stets aufs Neue als unrealistisch und blieben reine Absichtserklärungen. Die Vergabegrundsätze empfanden viele Bürger als ungerecht. Sie liefen jedem Versuch zuwider, die Wohnungsfrage zu lösen. Republikweit verschärfte sich die Wohnungsnot und Wohnunzufriedenheit. Das war der Nährboden für potenzielle Unruhen in der Bevölkerung sowie fühlbare Spannungen mit der Staatsführung.

Neustart in der Wohnungspolitik – Die Ära Honecker (1971 bis 1989)

Aufwertung des Wohnungsbaus

Die wirtschaftlichen Folgen der Strukturpolitik sowie die Unzufriedenheit eines Großteils der Menschen mit den Lebensbedingungen in der DDR ebneten den Weg zu einem Wechsel an der Parteispitze. Ulbricht verlor durch das entschlossene Festhalten an seiner kaum mehr zu realisierenden Wirtschaftspolitik an Unterstützung und Einfluss innerhalb des Politbüros und Zentralkomitees. Die Ablösung Ulbrichts durch Honecker im Mai 1971 ging mit einer Neuausrichtung der SED-Wirtschafts- und Sozialpolitik einher, womit Honecker einen weitreichenden Entspannungs- und Stabilisierungskurs einschlug. Dieser war in der Hauptsache an den Forderungen der Bevölkerung nach besseren Lebensbedingungen ausgerichtet, um das verlorene Vertrauen in die Staats- und Parteiführung wiederherzustellen.

Honecker lehnte es ab, den wissenschaftlich-technischen Fortschritt auf Kosten des Lebensniveaus zu erzwingen. Vielmehr sollten die Wirtschaft und die Wissenschaft das Mittel zur Befriedigung der gesellschaftlichen Bedürfnisse der breiten Massen sein, was einem der Hauptziele des XXIV. Parteitages der Kommunistischen Partei der Sowjetunion (KPdSU) im März 1971 entsprach. Offen stellte sich Honecker gegen die in der Ära Ulbricht verbreitete Praxis der Vertröstung. Schneller als zuvor sollten die Bürger ihren Anteil am wirtschaftlichen Aufschwung erhalten. Schließlich lautete Honeckers Forderung,

»daß sich angestrengte Arbeit tatsächlich auf das Lebensniveau der Bevölkerung nicht erst in ferner Zukunft, sondern bereits unmittelbar auswirkt.« Diese Einsicht gewann durch die unruhige politische Lage in Polen an Triebkraft. Zahlreiche SED-Funktionsträger hegten die Befürchtung, die Missstimmung unter den Bürgern könnte einen erneuten Volksaufstand wie im Jahr 1953 entfachen. Die Partei sah ihre Machtposition und ideologische Glaubwürdigkeit schwinden. Deshalb traten an die Stelle von Ulbrichts visionären Modernisierungsbestrebungen eine Reihe sozialpolitischer Maßnahmen. Einen Schwerpunkt bildete neben einer besseren Konsumgüterversorgung die Beseitigung der akuten Wohnungsnot. Zum einen hatte der Wohnungsneubau nicht mehr an wenigen Schwerpunkten, sondern verteilt über das gesamte Land und in den zugesicherten Mengen zu erfolgen. Zum anderen sollte die staatliche Wohnraumvergabe stärker nach sozialen Dringlichkeiten ausgerichtet werden und weniger nach wirtschaftlichen Erwägungen. Insbesondere kinderreiche Familien und Arbeiter, aber auch Angestellte in schwierigen Lebens- und Wohnsituationen würden laut Honecker von der neuen Wohnungspolitik profitieren. In den Augen der Parteiführung bildete die Verbesserung der Wohnbedingungen ein willkommenes Mittel, die Bevölkerung von den Vorteilen des Sozialismus zu überzeugen.

Die Wohnungsfrage avancierte zum Motor der neuen SED-Wohlfahrtspolitik. Diese vereinte sozial- und machtpolitische wie auch gesellschafts- und wirtschaftspolitische Komponenten. Eine Steigerung der Wohnungsbauproduktion erklärte die Parteiführung »zur Grundbedingung des Wirtschaftswachstums«. Laut Honeckers Konzept der »Einheit von Wirtschafts- und Sozialpolitik«, also der Ausrichtung von Produktion und Wissenschaft auf die Bedürfnisse des Menschen, sollten sich beide Bereiche gegenseitig befruchten. Von der Befriedigung des Wohnbedürfnisses erwartete man Zufriedenheit und Loyalität sowie eine positive Rückwirkung auf den Leistungswillen der Bürger. Parteioffiziell hieß es: »Das Wohnen ist eine wichtige Bedingung zur Reproduktion der Arbeitskraft«, also ein

Mittel zur massiven Steigerung der Arbeitsproduktivität. Das damit einhergehende wirtschaftliche Wachstum sollte eine grundlegende Verbesserung der Konsumgüterversorgung und des Lebensstandards bewirken. Untersuchungen von Ökonomen ergaben, dass die Wohnraum- und Wirtschaftskrise Ende der 1960er-Jahre ein drastisches Absinken der Produktivkraft unter den Werktätigen hervorrief.

Auf dem VIII. Parteitag im Juni 1971 verkündetet Honecker, die materielle Fundierung des Wohnungsbausektors anzuheben. Jährlich 100.000 Wohneinheiten durch Neu-, Um- und Ausbau sowie Instandsetzung, also 500.000 Wohnungen bis zum Ende des Fünfjahrplanes im Jahr 1975, wurden garantiert.

Bei der Erfüllung der Zielvorgaben legte die Partei großen Ehrgeiz an den Tag. Hauptmittel war der industrielle Wohnungsbau, um den anhaltend hohen Wohnraumbedarf schnell zu bedienen. Dabei konnte auf einen reichen Erfahrungsschatz zurückgegriffen werden. Abläufe zur Massenproduktion vorgefertigter Bauelemente gestalteten sich unter Ausnutzung neuer wissenschaftlicher und technischer Möglichkeiten immer effizienter und ressourcensparender. Das staatliche Bauwesen verfügte nicht nur über ein etabliertes Repertoire an Typenbauserien der Block- und Plattenbauweise, sondern entwickelte diese auch stetig weiter. Erstmals kam 1973 die Wohnungsbauserie 70, kurz WBS 70, in der Stadt Neubrandenburg zum Einsatz und avancierte zum am häufigsten angewandten Wohnungsbausystem der DDR. Wenige standardisierte Plattenbauteile und eine einheitliche Bauweise garantierten die variabel bestimmbare Errichtung eines Wohngebäudes gemäß dem Baukastenprinzip. Für das Bad gab es fertige Raumzellen, die nur noch per Kran eingesetzt werden mussten. Auf diese Weise ließ sich nicht nur die Bauzeit verkürzen, sondern auch der Arbeitsaufwand pro Wohneinheit um 25 und der Einsatz von Zement und Stahl um etwa 10 Prozent reduzieren. Ein hoher Produktionsausstoß bei relativ geringen Entwicklungs- und Investitionskosten sowie vielfältige Kombinationsmöglichkeiten der Bauelemente, die eine bedarfsgerechte Konstruktion der

Wikipedia, Ronny Krüger

Erster Wohnblock der Wohnungsbauserie 70 in der DDR am Standort Neubrandenburg, errichtet 1973. Aufnahme aus dem Jahr 2012.

Wohnobjekte ermöglichten, entsprachen den Vorstellungen der Parteiführung. Durch bautechnische und ökonomische Vorgaben litt oft, aber nicht immer, die Architekturqualität. Häufige Kritikpunkte blieben deshalb die mangelnde Abwechslung in der Gestaltung und die unzureichende Anpassung an die örtlichen Wohn- und Bautraditionen.

Landesweit entstanden neue Wohnquartiere, u. a. Gera-Lusan, Brandenburg an der Havel-Hohenstücken, Aue-Brünlasberg, Leipzig-Möckern IV (1972), Magdeburg-Kannenstieg (1973) oder das Wohngebiet Fritz Heckert in Karl-Marx-Stadt (1974). Bestehende Siedlungen wie Jena-Winzerla (1969–1973) oder Leipzig-Lößnig (1964–1974) expandierten. Ebenso realisierte die Parteiführung schon in der Regierungszeit Ulbrichts geplante Wohnkomplexe, wie z. B. Schwerin-Großer-Dreesch (1971). Der Fokus lag aber nicht allein auf Großstädten oder wichtigen Wirtschaftszentren. Auf dem Land wurden Neubausiedlungen an den Rändern von Kreis- und

Bundesarchiv, Bild 183-T0725-0008, Erwin Schneider

Einsatz der Bauelemente des Typs WBS 70 im Wohngebiet I der Großbaustelle Berlin-Marzahn, 1978.

Kleinstädten geschaffen oder erweitert. In Dörfern entstanden einzelne Neubaublocks oder kleinere Siedlungen (meist ein Konglomerat aus vier bis acht Blocks).

Anders als Ulbricht setzte Honecker verstärkt auf das Leistungsvermögen der Bevölkerung. Aufgrund des hohen Motivations- und Mobilisierungspotenzials erfolgte sowohl beim genossenschaftlichen Wohnungsbau als auch privaten Hausbau eine Kehrtwende. Nach dem VIII. Parteitag lockerten sich die Beschränkungen. Durch frei verfügbares Bauland, günstige Finanzierungsbedingungen in Form zinsloser Kredite und konkrete Förderprogramme, wie staatliche Materialbeihilfen, wurden Anreize geschaffen. Somit war für Normalverdiener ein Eigenheim oder eine genossenschaftliche Neubauwohnung finanzierbar. Umfang und Aufwand des genossenschaftlichen Wohnungsbaus und des Eigenheimbaus unterlagen zentraler Planung. Wohnungen erhielten die AWGs auf Zuteilung genauso wie Hausbauer ihre Baustoffe.

Der Anteil der AWGs am gesamten Neubauvolumen erreichte Mitte der 1970er-Jahre die Marke von 45 Prozent. Der Eigenheimbau bewegte sich bei 11,8 Prozent. Beide Werte dürfen aber nicht so interpretiert werden, dass die Genossenschaften sowie die privaten Bauherren das staatliche Bauwesen im genannten prozentualen Umfang voll entlasteten. Manuelle Leistungen mussten AWG-Mitglieder durch den Einsatz des industriellen Bauens nur noch in einem geringen Umfang erbringen. Tiefbau sowie Montage oblagen den bezirklichen Baukombinaten. Eigenheimbauer nutzten ebenfalls die Möglichkeiten industrieller Bauverfahren, indem sie ein Fertigteilhaus aus staatlicher Produktion errichten ließen und so Arbeitskraft sparten. Sowohl die AWGs mit ihren Mitgliedern als auch die Fertighausbauer waren insofern für das staatliche Wohnungswesen eine Entlastung, als dass sie den Innenausbau, die Wohngebietsgestaltung sowie die langfristige Bewirtschaftung der Wohneinheiten übernahmen. Auf dem letzteren Tätigkeitsfeld lag das Augenmerk, schließlich musste der Staat für die Instandhaltung kommunaler Wohnungen Fachpersonal und Material in beträchtlichem Maße aufbringen. Die Erschließung ungenutzter Ressourcen war beabsichtigt. Das bezog sich nicht nur auf die Arbeitskraft freiwilliger oder bezahlter Helfer, sondern vor allem auf betriebliche und private Materiallager. Deshalb blieben AWG-Wohnungen zumeist in besserem Zustand als ihre kommunalen Pendants. Im Gegensatz zu den materiellen und manuellen Ressourcen spielten die von den AWGs zu tragenden Kosten für die erbrachten Leistungen der bezirklichen Baukombinate im zentral geplanten Bauwesen eine untergeordnete Rolle. Die AWGs wurden durch den Staat massiv subventioniert. Die Kreditbedingungen waren überaus günstig. Die Staatsbank gewährte Kredite, deren Zinsen die AWGs nicht aus Eigenmitteln tilgen mussten. Diese wurden vielmehr aus dem Staatshaushalt beglichen. Beim Eigenheimbau übernahmen die privaten Bauherren 25 Prozent der Kosten.

https://www.deutsches-kunststoff-museum.de/sammlung/virtuelles-museum/k-2002–00023/

Sogar die DDR-Jugend wurde auf den industriellen Massenwohnungsbau eingestimmt. Seit den frühen 1960er-Jahren fanden Großblockelemente als Plastespielzeug ihren Weg in die Kinderzimmer. Auf diese Weise ließen sich unzählige Varianten von DDR-Wohnblöcken im kleinen Maßstab nachbauen. Die ersten Baukästen produzierte der VEB Kunststofferzeugnisse Anni Friedrich Walterhausen, später in VEB Plastspielwaren Waltershausen umbenannt. In den frühen 1970er-Jahren wurde das Werk dem VEB Gothaer Kunststoffverarbeitung PLASPI (später VEB Kombinat Chemisch-technische Erzeugnisse Gotha) unterstellt. Von da an bis zur Friedlichen Revolution wurden verschiedene Bausätze unter der Marke »PLASPI« am Walterhäuser Standort hergestellt. Vertrieben wurden sie im DDR-Handel sowie im Ausland.

Die rasche Weiterentwicklung des industriellen Wohnungsbaues und dessen forcierte Anwendung bewirkten einen kontinuierlichen Anstieg der Wohnungsproduktion. Die Zielsetzung von 385.000 Neubauwohnungen und Eigenheimen wurde bei der Endabrechnung des Fünfjahrplanes 1975 mit 398.000 sogar um 13.000 überboten. Ein Novum in der Geschichte der

DDR und ein wichtiges Zeichen an die Bevölkerung. Selbst die Vorgabe von 115.000 Wohnungen durch übrige Bauleistungen ließ sich mehr als verwirklichen. Rund 70.000 WE wurden entweder um- und ausgebaut oder instandgesetzt. Bei weiteren 139.000 WE erfolgte eine Modernisierung.

»Jedem eine warme, trockene und saubere Wohnung!« – Honeckers großes Wohnungsbauprogramm

Kurz nach dem VIII. Parteitag wurde dem Wohnungsbau noch größere Aufmerksamkeit zuteil. Frühzeitig arbeitete die Parteiführung an einem langfristigen, groß angelegten Wohnungsbauprogramm. Auf der 10. Tagung des ZK der SED am 2. Oktober 1973 wurde das gigantische Bauvorhaben erstmalig der Öffentlichkeit vorgestellt. Honecker versprach den Neubau, den Um- und Ausbau, die Rekonstruktion sowie die Modernisierung von 2,8 bis drei Millionen Wohnungen im Zeitraum von 1976 bis 1990, um damit »die Wohnungsfrage als soziales Problem bis 1990 zu lösen«. Darunter verstand die SED-Führung, die Wohn- und Lebensverhältnisse von rund zwei Dritteln der Bevölkerung (ca. 10,5 Millionen) grundlegend zu verbessern.

Mit dem IX. Parteitag 1976 fiel der Startschuss für Honeckers großes Wohnungsbauprogramm, das als bedeutendste sozialpolitische Aufgabe seit Gründung der DDR der Öffentlichkeit präsentiert wurde und somit zum Hauptelement der SED-Sozialpolitik aufstieg. An das Bauvorhaben war das Versprechen geknüpft, jedem Haushalt eine warme und trockene Wohnung in einem funktionsfähigen Zustand bis zum Jahr 1990 bereitzustellen. Bauminister Junker legte Wert darauf, dass die »Ausstattung, besonders die sanitären Einrichtungen und die Heizung, modernen Ansprüchen genügt« und die Wohnungen »zugleich der Größe der Familie, der Familienstruktur und den unterschiedlichen Bedürfnissen der Familienmitglieder angemessen« sei.

Mit der Hinwendung zum Wohnungsbau erreichte die Parteiführung Anfang der 1970er-Jahre tatsächlich die erhoffte Stabilisierung ihrer Position und eine breitere Zustimmung in der Bevölkerung. Jede Aufwertung der Lebensqualität war positiv besetzt und wurde als Fortschritt wahrgenommen. Mit dem Bauprogramm schuf die SED das bekannteste Aushängeschild und eines der wichtigsten Propagandamittel der Honecker-Ära. Die SED demonstrierte damit gegenüber dem Ausland, insbesondere der Bundesrepublik, und der eigenen Bevölkerung ihre Vorreiterrolle auf dem Gebiet der sozialen Fürsorge. Die neue Wohlfahrtspolitik galt für weite Teile der Einwohnerschaft als Befreiungsschlag aus den Zwängen von Ulbrichts Wirtschaftspolitik und somit als Korrektur einer verfehlten Sozialpolitik. Die frühen 1970er-Jahre wurden deshalb von vielen DDR-Bürgern als Aufbruchs- und Aufschwungphase empfunden.

Das Programm wurde stets als »Einheit von Neubau, Rekonstruktion und Modernisierung« beschrieben. Der Fokus lag von Anfang an auf dem Neubau zur Erhöhung des Wohnungsbestandes. Als sogenannte Hauptaufgabe tituliert, wurde ihm mit dem IX. Parteitag eine zentrale Position in der DDR-Volkswirtschaft zuteil, die er bis zum Ende der DDR unverändert einnahm.

In welchen genauen Größenordnungen und nach welchem zeitlichen Ablauf der Neubau, der Um- und Ausbau, die Rekonstruktionen sowie die Modernisierungen bis 1990 erfolgen sollten, war im Jahr 1976 weder der Parteiführung noch Bauökonomen bekannt. Vielmehr legte man in Abhängigkeit der gesamtwirtschaftlichen Planvorgaben von Parteitag zu Parteitag und damit von Fünfjahrplan zu Fünfjahrplan die konkreten Zielgrößen fest. Sicherheit bestand darüber, dass sich das Bauvolumen proportional zur Steigerung des Arbeits- und Lebensniveaus zu entwickeln habe. Die Mittel galt es jährlich um durchschnittlich 10 Prozent zu erhöhen.

Umsetzung und Ergebnisse

Wohnungsneubau

Die DDR-Bauwirtschaft stand vor einer Mammutaufgabe. Die Voraussetzungen zum Anlaufen des großen Wohnungsbauprogramms waren keinesfalls optimal. Die Ölkrise von 1974 und deren Nachwirkungen schwächten die Wirtschaft. Das konnte die Parteiführung von ihrem Vorhaben aber keineswegs abhalten. Bis 1976 erfolgten wichtige Weichenstellungen im Bauwesen. Die Planungsmethodik wurde kontinuierlich verfeinert, um die komplexen Prozesse steuern zu können. Die Wohnungsbaukombinate bekamen Ressourcen in bisher nie dagewesenem Umfang zugeteilt. Rückständige Kombinate wurden mit großem Aufwand durch personell-technische Aufstockungen stabilisiert. Um den hohen Bedarf an Bauelementen zu bedienen, erhöhte das Bauministerium kontinuierlich die Zahl der Plattenwerke. Allein im Jahr 1977 verteilten sich 47 über das gesamte Land. Diese befanden sich zumeist in der Nähe von Großbaustellen. Republikweit entstanden in Groß-, Mittel- und Kleinstädten neue Wohnsiedlungen. Vielfach wurden bestehende Plattenbaugebiete bis 1990 weiter ausgebaut.

1976 begann der Aufbau von Leipzigs größter Wohnsiedlung. Die acht Wohnkomplexe in Leipzig-Grünau umfassen bis heute ein Gebiet von vier Kilometern Länge und zweieinhalb Kilometern Breite. Bis 1988 wurde das Areal mit 37.600 WE bebaut, in denen 1989 ca. 85.000 Menschen lebten. Eine Großbaustelle mit gigantischen Dimensionen, auf der bis zu 5.000 Bauarbeiter gleichzeitig tätig waren. Das Wohnungsbaukombinat Leipzig betrieb parallel sieben Taktstraßen (bautechnische Anlagen aus einzelnen Teilsystemen), die unermüdlich im Fließbandverfahren Wohnungen fertigten. Sechs Arbeiter einer Baubrigade montierten pro Schicht eine WE. Aber Grünau war nicht das größte Plattenbaugebiet der DDR. Übertroffen wurde es noch von Halle-Neustadt und der ab 1977 errichteten Wohnsiedlung Berlin-Marzahn. Marzahn steht mit 60.000 WE sogar an der Spitze aller Plattenbausiedlungen Europas. Aufgrund der hohen Plattenbaudichte verfügte Ost-Berlin über 30 Prozent mehr industriell gefertigte Neubauwohnungen als der gesamte Bezirk Dresden.

In der sächsischen Metropole Dresden schuf der Staat im Stadtteil Prohlis zwischen 1976 bis 1980 etwa 10.000 Neubauwohnungen. Erfurts Großwohnsiedlung Nord (1989 etwa 50.000 Einwohner) erhielt ab 1977 seine Erweiterung mit dem Plattenbaugebiet Roter Berg, das für etwa 15.000 Menschen ausgelegt war. 1978 begann z.B. der Bau von Görlitz-Königshufen und in Rostock-Groß-Klein arbeiteten die Kräne des Wohnungsbaukombinates ab 1979 an der Errichtung von 8.200 Wohnungen für rund 21.000 Menschen. In der Hauptstadt sowie in Bezirks- und Industriestädten lebten über 60 Prozent der Bevölkerung in Großwohnsiedlungen.

Der Begriff »Wohnungsneubau« bezeichnete nicht ausschließlich die industriell gefertigte Neubauwohnung, sondern auch den staatlichen und privaten Eigenheimbau. Die Einfamilien- sowie Doppelhäuser wurden vor allem an Stadt- und Dorfrändern errichtet. Meist entstanden Einfamilienhaussiedlungen. Bevorzugt wurde die Nähe zu Wohnkomplexen bzw. Neubaugebieten, um die dortige Infrastruktur nutzen zu können.

Bauverlauf

Der technologische Fortschritt im industriellen Wohnungsbau trug zur Übererfüllung von Honeckers erstem Fünfjahrplan seit seinem Machtantritt im Wohnungsneubau bei und sollte in der Folge ebenfalls Schrittmacher sein. Man erwartete enorme Leistungssteigerungen. Das zeigte sich besonders auf dem IX. Parteitag. Dort legte die SED-Führung für den Zeitraum von

Bundesarchiv, Bild 183-1987-0128-310, Hubert Link

Neubaugebiet in Berlin-Marzahn 1986.

1976 bis 1981 die Neubauzahl von 550.000 fest, 165.000 WE mehr als beim vorangegangenen Fünfjahrplan.

Um zusätzliches Arbeitspotenzial im Wohnungswesen zu generieren, setzte man auf die Freie Deutsche Jugend (FDJ) sowie die Gewerkschaften. Schon in den 1950er- und 1960er-Jahren griff die SED bei großen Bauprojekten auf die Massenorganisationen zurück. Als »Zentrales Jugendobjekt« deklariert entstand unter anderem durch eine FDJ-Initiative der »Überseehafen Rostock« (1957–1960). Ab 1978 übernahm die FDJ mit der Initiative »Aufbau der sozialistischen Hauptstadt« mehrere Wohnungsneubauvorhaben im Stadtteil Berlin-Marzahn.

Anfangs schien Honeckers Wohnungsbauprogramm planmäßig zu laufen. Doch mit der Zeit offenbarten sich strukturelle Schwächen. Statt der erhofften Überbietung konnte das für 1976 bis 1981 verkündete Planziel im Neubau inoffiziell nur zu 92 Prozent erfüllt werden. Obwohl die DDR rein mengenmäßig einen neuen Rekord im Neubau verzeichnete, entstanden

39.000 Wohnungen weniger als anvisiert. Aller Technikeuphorie und dem anhaltend hohen Beschleunigungsglauben der SED zum Trotz erkannte man schon Ende der 1970er-Jahre die Schwierigkeit, bis 1990 – also innerhalb von nur zehn Jahren – die erforderliche Menge an Neubauwohnungen zu liefern. Die Erfüllbarkeit des Bauprogramms schien nun mehr als gefährdet. Deshalb sah sich die Parteiführung Ende 1979 gezwungen, ohne viel Aufsehen den Beginn des großen Wohnungsbauprogramms vom Jahr 1976 auf das Jahr 1971 zu verlegen. Dadurch war eine Anrechnung der zwischen 1971 und 1975 geschaffenen 398.000 Neubauwohnungen auf die versprochenen 2,8 bis drei Millionen Wohneinheiten möglich. Die Modifikation erfolgte kommentarlos in allen staatlichen und parteilichen Verlautbarungen und wurde bis 1989 konsequent beibehalten.

Die Rückdatierung des Wohnungsbauprogramms kam einer Kürzung des Bauvolumens um etwa 20 Prozent gleich und verschaffte der SED genug Spielraum bei der weiteren Umsetzung ihres Vorhabens. Auf dem X. Parteitag 1981 erhöhte die SED die Zielgröße des vorangegangenen Volkswirtschaftsplanes um 50.000 Einheiten auf 600.000. Die Bauwirtschaft erreichte mit einem Mehr von 21.000 Neubauwohnungen als im vorangegangenen Fünfjahreszeitraum wiederum einen Rekord, jedoch wurde die Planvorgabe des X. Parteitages mit einer Erfüllungsquote von 88,6 Prozent erneut verfehlt. Das Wohnungswesen konnte entgegen dem Hoffen der Parteiführung seine Leistungskraft nur minimal steigern. Zunehmend stieß es an seine Grenzen. Mit fast 111.000 Neubauwohnungen jährlich erzielte die DDR den höchsten Stand 1981 und 1982. Die Produktion war in den Folgejahren rückläufig, denn das Bauwesen geriet zunehmend in eine Krise.

Trotz zahlreicher Investitionsverlagerungen hin zum Wohnungsneubau verschärfte sich in den 1980er-Jahren die Situation auf den Baustellen. Die wirtschaftliche Schieflage der DDR kam zum Tragen. Zunehmend herrschte Materialmangel, obwohl die Staatliche Plankommission in den Perspektivplänen und die Bezirksräte in den Volkswirtschaftsplänen die Bauressourcen in ausreichenden Mengen für die Wohnungsbauprojekte einkalkulierten. Die Komplexität des republikweiten Massenwohnungsbaues überforderte die staatlichen Organe aller Ebenen mit der Planung und Leitung. Besonders hemmend wirkte dabei die mangelnde Koordination zwischen den Baukombinaten (Wohnungsbaukombinate, Kombinate für Hoch- und Tiefbau und Kombinate für Baustoffversorgung), dem Bauministerium, den Stadt-, Kreis- und Bezirksbauämtern, kommunalen Wohnungsabteilungen sowie Kreisbaubetrieben. Baumaßnahmen konnten teils nicht in einem Zug durchgeführt werden, da Materialien, Werkzeuge, Maschinen oder Wohnungs- und Gebäudeausrüstungen (Aufzüge, Außenverkleidungen oder Rohrleitungen) weder in den gewünschten Mengen vorhanden waren noch termingerecht geliefert werden konnten. Beispielsweise kam es aufgrund zu weniger Kräne vielfach zu Einsatzüberlappungen, wodurch Taktstraßen stillstanden. Manche Objekte blieben nach Abschluss der Montage über Tage oder Wochen im Rohbau stecken. Fehlende Linoleum-Fußbodenbeläge, Fenster, Türen, Waschbecken, Klosetts, Elektroherde, Armaturen, Heißwasserboiler, Heizkörper oder Öfen bremsten den Innenausbau. Oft scheiterte eine rasche Umsetzung schon an Kleinigkeiten, wenn z. B. Gerüste für Malerarbeiten nicht verfügbar waren. Die ständigen Unterbrechungen führten nicht nur zu Rückständen in der Wohnungsproduktion, sondern auch zu einer anhaltenden Unzufriedenheit unter den Bauschaffenden.

Engpässe zogen sich wie ein roter Faden durch den Produktionsablauf. Die Verantwortlichen versuchten diese punktuell zu beheben, indem u. a. fehlendes Werkzeug oder Material andernorts abgezogen wurde. Aber damit verschob sich das Problem nur und neue Rückstände bauten sich auf. Für die Beteiligten war diese Praxis immer weniger beherrschbar. Meldungen der Baubetriebe, der Gewerkschaften und sogar des Ministeriums für Staatssicherheit (MfS) über Versorgungs- und Produktionsschwierigkeiten häuften sich und zeigten, wie sehr die zentralen Zielstellungen von der Bauwirklichkeit abwichen. Beispielsweise formulierte die Betriebsleitung eines nordthüringischen Kreisbaubetriebs folgenden Hilferuf: »Bitte sofort auf den Tisch [...] infolge der in den letzten Wochen stockenden und nunmehr zum Erliegen gekommenen Zementbelieferung [...] verzeichnen wir [...] PRODUKTIONSSTILLSTAND. Trotz Ausschöpfung aller uns zur Verfügung stehenden Möglichkeiten ist zur Zeit keine Verbesserung der Situation zu erwarten.«

Die Hilferufe der Betriebe fanden bei SED-Funktionären in den Leitungen auf Kreis- und Bezirksebene Gehör. Die Verantwortung und Lösung schoben sie aber den staatlichen Stellen zu. Bezirksbaudirektoren wurden in die Pflicht genommen, »zur zielgerichteten Gestaltung des Wohnungsbauprogramms bis 1990« die von Honecker geforderte »kontinuierliche Zulieferung mit Bauelementen sicherzustellen«. Aber oft genug waren den Entscheidungsträgern die Hände gebunden. In wenigen, besonders schwerwiegenden Fällen sahen sich Bezirksratsvorsitzende oder Wohnungsbaukombinatsdirektoren gezwungen, den Plan auf eigene Verantwortung zu reduzieren, um die Kapazitäten besser zu bündeln und ein passables Ergebnis vorweisen zu können. Diese Maßnahme fand bei der SED-Führung wenig Zustimmung und war unter den Wohnraumverantwortlichen des Staatsapparates sowie bei Wirtschaftsfunktionären äußerst unbeliebt, denn sie konnte Parteistrafen oder sogar den Postenverlust nach sich ziehen. Um dies zu umgehen, wurden Rückstände durch Falschmeldungen verschleiert. Auf diese Weise ließen sich Produktionsergebnisse aufbessern.

Die beschriebenen Defizite auf den Baustellen waren der SED aufgrund des umfassenden Berichtswesens bekannt und trafen in Ost-Berlin auf einen empfindlichen Nerv. Innerhalb der SED-Führungsriege endeten Auseinandersetzungen um Schwierigkeiten im Wohnungsbau stets in Schuldzuweisungen und einem Hin- und Herschieben der Verantwortung, ohne dass grundsätzlich an der Zielvorgabe gerüttelt wurde.

Bundesarchiv, Bild 183-1982-0609-303, Friedrich Gahlbeck

Anlieferung von Plattenelementen im Neubaugebiet Leipzig-Grünau per Bahn. Der Umschlagplatz am Rand von Grünau wurde täglich bedient. Tieflader verteilten von dort aus die Platten auf die einzelnen Baustellen.

Konkrete Abhilfe schuf die Parteiführung meist nur kurzfristig und punktuell. Vielmehr verschlimmerte sie durch Fehlplanungen und Bevorzugungen die Lage. Unter anderem sind Bauressourcen in großen Mengen vom Bauministerium zurückgehalten und auf prestigeträchtige Wohnungsbauprojekte in Ost-Berlin, Dresden oder Leipzig umverteilt worden. Zusätzlich wurden aus allen Bezirken gigantische Baustoffmengen und Personal herangezogen, um Vorzeigewohnsiedlungen wie Berlin-Marzahn mit aller Macht voranzutreiben. Die straffen Planvorgaben mit ihren hohen Zielsetzungen übten zusätzlichen Druck auf die Baukombinate aus. Pro Jahr hatte jedes der 14 Wohnungsbaukombinate außerhalb Ost-Berlins zu Lasten des eigenen Bezirkes um die 1.000 Wohnungen in der Hauptstadt zu errichten. 1975 stellte Honecker unmissverständlich klar: »Über die Zuführung von Kapazitäten aus anderen Bezirken nach Berlin wird überhaupt nicht diskutiert. Es wird beschlossen und abgezogen. Berlin bleibt Berlin! Ich möchte nur noch mal im Politbüro klarstellen: Über Berlin gibt es keine Diskussion!« Die dadurch verursachte materielle Unterversorgung spitzte sich in den Regionen außerhalb Ost-Berlins zu. Eine derartige Verteilungspraxis führte zusammen mit den strukturellen Schwächen des Bauwesens und den systemimmanenten Problemen der Planwirtschaft wiederholt zu Planrückständen sowie Arbeitsunterbrechungen auf den Baustellen und in den Plattenwerken.

Auf dem XI. Parteitag 1986 hatte die Parteiführung das Neubauvolumen etwas niedriger angesetzt. Verabschiedet wurde ein Programm zum Bau von 591.000 WE bis 1990, also 9.000 weniger als im vorangegangenen, aber nicht erfüllten Fünfjahrplan. Intensivere Um- und Ausbau-, Instandsetzungs- und Modernisierungsmaßnahmen von Altbauwohnungen sollten die Minderproduktion ausgleichen. Dennoch glaubte das Politbüro fest an die Machbarkeit einer jährlichen Errichtung von durchschnittlich 118.500 Neubauwohnungen und Eigenheimen, also gut 7.500 mehr pro Jahr als zu Spitzenbauzeiten. Diese Mengenziele überstiegen jedoch erneut die Leistungsfähigkeit des angeschlagenen DDR-Wohnungsbauwesens.

Die Abstimmung der Arbeitsprozesse innerhalb der Baukombinate lief in den späten 1980er-Jahren immer problematischer. Daneben verursachte die Produktions- und Bautechnik erhebliche Störungen im Betriebsablauf. Wiesen die Baumaschinen im Jahr 1975 eine Verschleißquote von 53 Prozent auf, waren es zum Ende der DDR sogar 70 Prozent, was hohe Ausfallzeiten angesichts defekter und fehlender Technik hervorrief. Hinzu kam die rückständige DDR-Technologie zur Produktion von Baumaschinen. Ersatz konnte nur bedingt in Eigenleistung und durch Improvisation geschaffen werden. Rund 50 Prozent der Baumaschinen mussten ebenso wie Personenaufzüge für Wohnhochhäuser gegen DM (Deutsche Mark) oder andere westliche Währungen sowohl aus dem sozialistischen als auch nichtsozialistischen Ausland (Bundesrepublik, Polen, Tschechoslowakei oder Sowjetunion) importiert werden. Das trug unter anderem zur Auslandsverschuldung und zur schrittweisen Zahlungsunfähigkeit der DDR bei. Infolge der rigorosen Verschuldungspolitik und des auszehrenden wirtschaftlichen Niederganges war die DDR kaum noch in der Lage, notwendige Ersatzteile oder Geräte zu importieren, um veraltete Anlagen bzw. das gesamte Bauwesen zu erneuern. Gleichzeitig musste die rohstoffarme Republik Bauressourcen in großen Mengen gegen Devisenzahlung einführen. Dabei ließen außenwirtschaftliche Faktoren, wie die Preissteigerung der Kraft- und Rohstoffe auf dem Weltmarkt, die Kosten für den Wohnungsbau stetig steigen. Daran änderte die ständige Verfügbarkeit der Binnenwährung nichts. Durch den akuten Devisenmangel schwand der finanzielle Spielraum der DDR in den 1980er-Jahren rapide, sodass Honeckers Programm immer weniger bezahlbar war. Unter diesen Bedingungen blieb jedes von der SED gesteckte Planziel unerreichbar.

Einen Ausweg aus der Krise erkannte die Parteiführung in der Durchsetzung einer noch tiefgreifenderen Einsparpolitik als zuvor. Die Reduzierung von Material bei der Herstellung und Montage der Plattenelemente, die Verkleinerung der Wohnungsgrößen bei gleichzeitiger Arbeitsintensivierung auf den Baustellen oder die Disziplinierung der Bauschaffenden sollten einen effizienten Einsatz von Bau- und Kraftstoffen bewirken. Einsparpotenzial sah man bei der kostspieligen Personenaufzugstechnik. Um deren Verwendung zu minimieren, wurde zunehmend auf hochgeschossige Wohnscheiben und Hochhäuser verzichtet. Stattdessen setzten Bauökonomen auf Fünf- und Viergeschossblocks. Kurzfristig und auf das gesamte Bauvolumen bezogen bewirkten die Rationalisierungsmaßnahmen einen messbaren Stabilisierungseffekt. Der Prozess rückläufiger Bauzahlen ließ sich dadurch nur verlangsamen, aber nicht stoppen.

Mit der Zeit rief das rigorose Sparen eher gegenteilige Effekte hervor. Bausachverständige monierten die hohe Bruchquote bei den Plattenbauelementen aufgrund der Reduktion von Stahl und Zement im Herstellungsprozess. In der Summe verursachte das einen hohen Material- und Zeitverlust, denn defekte Teile mussten aufwendig erneuert bzw. getauscht werden. Markanteste Negativerscheinung der Einsparpolitik war die drastische Abnahme der Bauqualität. Generell galten die in industrieller Bauweise errichteten Objekte trotz einiger bautechnischer Schwächen als solide. In den 1960er- und 1970er-Jahren waren diese den bundesdeutschen Pendants gleichwertig. Aber die im letzten Drittel der 1980er-Jahre errichteten Neubauten wiesen zunehmend Mängel auf wegen Fehlplanungen sowie der Nichteinhaltung von Baustandards und -regeln. Eine rasche Rissbildung im Mauerwerk sowie eine unzureichende Wärmedämmung zählten zu den häufigsten Beanstandungen der Mieter. Undichte Fugen zwischen den Plattenelementen und undichte Türen und Fenster monierten unter anderem Bewohner in der 1988 errichteten Siedlung Gotha-Siebleben. Das war kein Einzelfall. Die dadurch verursachte Energieverschwendung blieb für die Volkswirtschaft nicht ohne Folgen. Für Verärgerung sorgten ebenfalls durchfeuchtete Außenwände wegen Konstruktionsfehlern an Dacheinstiegen und Balkonen. Der nachträgliche Reparaturaufwand am Mauerwerk und an den Fenstern war beträchtlich, genauso wie die Enttäuschung der Mieter. Oftmals bedurfte es einer Flut an Beschwerden und Eingaben, bis sich die Wohnungsträger um eine Korrektur der Baufehler bemühten. Die notwendigen Nachbesserungen banden jedoch Kapazitäten, die bei der Werterhaltung der maroden Altbausubstanz fehlten. Weit weniger dramatisch, aber als sehr unangenehm empfanden die Bewohner den eingesparten Lärmschutz.

Unter Verschleiß der wirtschaftlichen Substanz versuchte die Parteiführung das Bauprogramm mit aller Macht auf hohem Niveau fortzusetzen. Aber die Politik immer größerer Einsparungen funktionierte im zentralisierten Bauwesen im letzten Drittel der 1980er-Jahre nicht mehr, denn die offensichtlichen Defizite in allen Bereichen der DDR-Wirtschaft schränkten die Handlungsfähigkeit drastisch ein. Zentrale Planvorgaben blieben reine Fiktion und die prognostizierten Steigerungsraten standen bloß auf dem Papier. Mangelnde Effizienz der Baubetriebe, Zweckentfremdung von Mitteln und Schlamperei kennzeichneten die Erosion im Wohnungsbau. Gegenmaßnahmen des Bauministeriums waren oft wirkungslos. Im DDR-Krisenjahr 1989 sackten die Bauzahlen drastisch ab. An die Stelle von Leistungsbereitschaft unter den Bauschaffenden traten Resignation und Wut. Parteiparolen und politische Motivationsreden verloren in kürzester Zeit an Zugkraft. Der Volksaufstand, die Öffnung der Grenze sowie die Selbstabwicklung der DDR beschleunigten Ende 1989 und besonders 1990 den Abwärtstrend in der staatlichen Wohnungsproduktion. Mit 428.851 WE konnte der Neubauplan des XI. Parteitages nur zu 72,6 Prozent umgesetzt werden.

Die Neubauvorgaben im Zeitraum von 1976 bis 1990 konnten mit 1,47 Millionen WE nur zu 84,6 Prozent erfüllt werden. Das ergab ein Fehl von 269.494 Neubauwohnungen. Mit diesen hätten rund 900.000 Menschen versorgt werden können.

Fünfjahreszeitraum	Ziel lt. Volkswirtschaftsplan	Ist	Rückstand	Erfüllung in Prozent
1976 – 1980	550.000	510.874	39.126	92,9
1981 – 1985	600.000	531.781	68.219	88,6
1986 – 1990	591.000	428.851	162.149	72,6
Gesamt (1976 – 1990)	1.741.000	1.471.506	269.494	84,6

Fünfjahrplanziele des IX. bis XI. Parteitages der SED im Wohnungsneubau (inkl. Eigenheimbau) sowie tatsächliche Bauleistung.

Innerstädtische Bebauung

Wie zuvor beschrieben, lag der Schwerpunkt des Wohnungsbauprogramms auf der Errichtung von randstädtischen Neubaugebieten auf der »grünen Wiese«. Dort ließen sich unkompliziert und schnell auf gigantischen Flächen ohne Rücksicht auf eine vorhandene Bebauung Wohnungen in großer

Bundesarchiv, Bild 183-1984-0119-001, Jürgen Ludwig

Die Jugendbrigade Kraft, Montagekollektiv des Wohnungsbaukombinates Erfurt, montiert Platten für 78 Neubauwohnungen an einem Lückenbau nahe dem historischen Marktplatz von Arnstadt, 1984.

Stück- und Schlagzahl schaffen. In den Innenstädten war der industrielle Wohnungsbau hingegen schwieriger und zeitaufwendiger. Der notwendige Abriss des Vorgängerobjektes, kleinere Bauflächen und ein eingeschränkter Aktionsradius für die Technik stellten die Handwerker vor Herausforderungen. Neben einigen Vorzeigeprojekten bei der innerstädtischen Neugestaltung erfolgte ein punktueller Ersatzwohnungsbau in den Stadtzentren. Diese Maßnahmen rangierten unter dem Begriff »sozialistische Rekonstruktion«. Anfangs verstand man darunter die Erneuerung der erhaltenswertesten Bausubstanz durch Modernisierung und Sanierung sowie den Abriss der schlechtesten. Kleinere durch Abriss entstandene Baulücken wurden traditionell in der Ziegelbauweise und größere in der Plattenbauweise geschlossen. Nach Ansinnen von Architekten und Stadtplanern sollten sich die Plattenbauten in das bestehende Ensemble einpassen, um eine harmonische Einheit aus Neu- und Altbau im Stadtbild zu erreichen. Diese Form der Rekonstruktion fand schon in den späten 1960er- und frühen 1970er-Jahren u. a. in Merseburg ihre Anwendung.

Mit dem forcierten Siedlungsbau an den Ortsrändern ging mehr und mehr Acker- und Weideland verloren. Beschwerden Landwirtschaftlicher Produktionsgenossenschaften häuften sich. Bauplaner auf der einen und die Landwirtschaft auf der anderen Seite standen in einem Wettbewerb um Land. Die SED-Führung befand sich in einer Zwickmühle, weshalb sie in den frühen 1980er-Jahren dazu überging, das ungenutzte Potenzial in den Innenstädten heranzuziehen. Großprojekte im Siedlungsbau, wie z. B. ein mehrere Tausend Wohnungen umfassender Neubaukomplex am südwestlichen Stadtrand Erfurts, gingen deshalb über die Planung nicht mehr hinaus. Die Hinwendung zu einem intensiveren innerstädtischen Wohnungsneubau wurde durch den Altbauverfall beschleunigt. Das anfängliche Lückenfüllen reichte nicht mehr aus. Bauliche Konzeptionen für die Stadtzentren beinhalteten nun Rekonstruktionsmaßnahmen, die fast ausschließlich den Austausch alter Bausubstanz durch Plattenbauobjekte vorsahen. Das war unter anderem bei der Altstadtrekonstruktion in Gotha oder Greifswald der Fall. Die industrielle Bauweise galt als Motor und eröffnete den Planern ein breites Repertoire an Gestaltungsmöglichkeiten. Wohnblocks und Versorgungseinrichtungen in Plattenbauweise sowie moderne architektonische Gesellschaftsgebäude, wie z. B. das Haus der Kultur in Gera, sollten die Innenstädte der Republik dominieren. Die Bewahrung bestehender städtebaulicher Strukturen und Traditionen sowie Fragen des Denkmalschutzes spielten eine untergeordnete Rolle.

Für einen Großteil der DDR-Stadtzentren lagen konkrete Umbaupläne für den Zeitraum von 1980 bis 2000 vor. Schon seit den 1950er-Jahren stand die landesweite Umgestaltung der Innenstädte auf der Agenda. Visionäre Leuchttürme als Zeichen des sozialistischen Aufschwungs schuf man in den

Bundesarchiv, Bild 183-1984-0614-317, Heinz Junge

Restaurierte Altbauten (Vordergrund) und dahinter neue Wohnblocks in Berlin-Lichtenberg, 1984.

meisten Bezirksstädten sowie an wichtigen Wirtschaftsstandorten. Historische Altstädte mit Barock- und Renaissancehäusern wie in Zittau oder gründerzeitliche Hausensembles wie in Leipzig oder Reichenbach empfand die SED-Führung als Relikte gescheiterter Gesellschaftsformen. Die Gebäude standen für eine kapitalistische, bürgerliche und damit unzeitgemäße Baukunst sowie Wohn- und Lebensatmosphäre. Als sichtbarer Ausdruck einer neuen Zeit sollte die historische Bebauung schrittweise, über mehrere Jahrzehnte hinweg, sozialistischen Architekturformen weichen. Nur durch einen Komplettaustausch glaubte die Partei, ihr propagiertes Ziel einer Angleichung der Wohn- und Lebensverhältnisse aller Klassen und Schichten zu erreichen. Der Abbau sozialer Ungleichheiten im Wohnen galt als Triebkraft zur Entwicklung einer sozialistischen Gesellschaft und zur Ausprägung einer sozialistischen Lebensweise.

Modernisierung, Instandsetzung sowie Um- und Ausbaumaßnahmen im Altbaubestand

Die Parteiführung gab sich keiner Illusion hin, die anvisierte sozialistische Umgestaltung der Wohnverhältnisse innerhalb weniger Jahrzehnte zu verwirklichen. Geschätzt hätte es hundert Jahre bedurft, um die gesamte Bevölkerung mit einer Neubauwohnung zu versorgen. Die SED wusste um die Bedeutung des Erhalts der Altbausubstanz bei der zeitnahen Lösung des republikweiten Wohnungsproblems. Für Millionen DDR-Bürger blieb der Altbau, also die vor 1945 errichteten Häuser und Wohnungen, die einzig verfügbare Wohnkategorie. Aber im Gegensatz zu den Neubauten ergaben sich dort die meisten Probleme hinsichtlich der Ausstattung und des Bauzustandes. Seit dem VIII. Parteitag und besonders in den 1980er-Jahren widmete die SED der unter Ulbricht vernachlässigten Wohnraumerhaltung mehr Aufmerksamkeit.

Der Sektor Wohnraumerhaltung umfasste folgende drei Aufgabenfelder: die Rekonstruktion, die Instandsetzung sowie die Modernisierung. Unter Rekonstruktion verstand man die bauliche Wiederherstellung einer unvermietbaren, kurz vor dem Verfall stehenden Altbauwohnung. Diese Maßnahme trug dazu bei, verloren gegangenen Wohnraum erneut einer Nutzung zuzuführen. Zu den Instandsetzungen rechnete man alle Reparaturen zur Beseitigung von Schäden sowie Verschönerungsmaßnahmen an bewohnten bzw. vermietbaren Altbauwohnungen. Modernisierungen beinhalteten im engeren Sinn alle Verbesserungen der Ausstattung. Drei aufeinander aufbauende Modernisierungsstufen gab es. Stufe 1 galt als Mindestausstattung. Diese umfasste eine Küche mit Wasseranschluss, eine Spüle, ein Waschbecken sowie einen Gas-, Kohle- oder Elektroherd. Stube sowie Kinder- bzw. Schlafzimmer verfügten über eine Ofenheizung. Weiterhin zählten zu dieser Kategorie der Grundanschluss an die kommunale Trinkwasserversorgung nebst Abwasserkanälen sowie die Installation einer Innentoilette. Stufe 2 vervollständigte Stufe 1 durch die Einrichtung eines Badezimmers mit Warmwasseranlage, Waschbecken und Wanne oder Dusche. Stufe 3 schloss alle vorherigen Maßnahmen ein, ergänzt um das Ausstattungsmerkmal einer modernen Heizungsanlage. Anstelle einzelner Kohleöfen erwärmten regulierbare Heizkörper die Räumlichkeiten. Als modernisiert zählte eine Wohnung, wenn sich ihre Ausstattungskategorie um mindestens eine Stufe erhöhte.

Ein weiteres Aufgabenfeld des Wohnungsbauprogramms betraf die sogenannten Um- und Ausbaumaßnahmen im Altbau. Hierzu zählten Wohnungsneuaufteilungen sowie der Ausbau von Kellerräumen und Dachböden zu eigenständigen Wohneinheiten. Auf diese Weise ließ sich zusätzlicher bzw. bedarfsgerechter Wohnraum gewinnen. Gleiches galt für den Rückbau von in Verkaufsstellen oder Büros umgewidmeten Wohnungen. Wurden diese aus der Not heraus geschaffenen Provisorien im Zuge des Neubaus von Kaufhallen oder Verwaltungsgebäuden frei, standen sie dem staatlichen Wohnungswesen zur Verfügung.

Die VEBs der Kommunalen Wohnungsverwaltung, die Anfang der 1970er-Jahre teils in den VEBs der Gebäudewirtschaft aufgingen, übernahmen Um- und Ausbaumaßnahmen und insbesondere Modernisierungen. Oft kam es dabei zu Konflikten mit der Bevölkerung, wenn Produktionsleiter die Weisung erhielten, die Wohnungen von Parteifunktionären durch das Fliesen des Bades, das Tapezieren aller Zimmer, den Einbau hochwertigerer Armaturen und Geräte oder das Einziehen von Zwischendecken zu bevorzugen. Diese Leistungen zählten im Modernisierungskatalog nicht zum Standardrepertoire. Die meisten Bürger hatten sich mit der Grundausstattung abzufinden. Um Verschönerungsmaßnahmen mit Farbe, Tapete und Fliesen mussten sich die Bewohner selbst kümmern. Neben Modernisierungen oblagen den Betrieben der Werterhaltung alle Baureparaturen. Diese reichten von kleineren Ausbesserungen bis hin zur Herrichtung baupolizeilich gesperrter Wohnungen. Grundhafte Instandsetzungen ganzer Häuser wurden wegen der besseren technischen und materiellen Ausrüstung an die kreisgeleiteten Baureparaturbetriebe, wie die VEB Baureparaturen, VEB Kreisbaubetriebe und VEB Gebäudeinstandsetzung, delegiert. Zusätzlich waren die Brigaden der bezirklichen Bau- und Reparaturkombinate aktiv. Neben der Sanierung von Betrieben, Einrichtungen und Infrastrukturobjekten übernahmen sie die Komplettinstandsetzung ganzer Häuserzeilen oder spezielle Funktionsbereichsmodernisierungen (Sanitär- und Heizungsanlagen, Fassaden, Dächer).

Das Mammutvorhaben auf dem Gebiet der Wohnraumerhaltung sollte nach Meinung der SED-Führung nicht allein das staatliche Bauwesen tragen. Motivations- und Mobilisierungspotenzial sah man bei den Produktionsbetrieben. Unter Verwendung eigener Materialfonds sanierten deren Baubrigaden unbewohnbare Wohnungen für wohnungssuchende Mitarbeiter, behoben bauliche Missstände oder übernahmen die Installation von Heizungs- und Sanitäranlagen. Ein materiell gut situiertes Kombinat konnte 15 bis 30 Wohnungen pro Jahr komplett herrichten. Mittlere Betriebe realisierten bis zu zwei Wohnungen pro Jahr. Die Räte der Städte schlossen eigens dafür Vereinbarungen mit Betrieben ab, die Mitglied in den »Interessengemeinschaften zur Verbesserung der Arbeits-, Lebens- und Wohnbedingungen der Bürger« waren. Außerdem bestand gegenüber der Partei die Verpflichtung, sich – meist im Vorfeld von Feier- und Parteitagen – für die Übernahme sozialer Aufgaben bereitzuerklären. Unterstützung bei Wohnungsreparaturen oder Modernisierungen erhielten nicht allein Werksangehörige, sondern auch Großfamilien und Rentner, die in keinem Bezug zum Betrieb standen. All diese Maßnahmen setzten die Betriebe massiv unter Druck. Bei der SED sowie den Wohnraumverantwortlichen erzeugten sie hingegen eine hohe Erwartungshaltung. Dahinter stand wirtschaftliches Kalkül bzw. die zwingende Notwendigkeit, zusätzliche Ressourcen freizusetzen, um das staatliche Wohnungswesen bei der Realisierung des Wohnungsbauprogramms zu entlasten. Ökonomen hofften auf die Einsatzbereitschaft von Betrieben ebenso wie von Einrichtungen, weil sie in Eigenregie und ohne bürokratische Hürden die Wohnraumprobleme ihrer Belegschaft lösen konnten.

Die Indienstnahme der Betriebe barg jedoch Konfliktpotenzial und stand für die innere Widersprüchlichkeit des Systems. Die Erschließung zusätzlicher Ressourcen war oft ein von Improvisation geprägter Kraftakt und bedeutete, dass sich die Betriebe aus den ihnen vom Staat zugewiesenen Baustoffkontingenten bedienen mussten, die ausschließlich für die Instandhaltung oder Erweiterung des Werkes vorgesehen waren. Konnte Fehlendes für das Wohnungswesen nicht an anderer Stelle eingespart oder abgezweigt werden, wurde zwischen Betrieben getauscht. Mit diesen Aktivitäten bewegten sich die Betriebe oft in einem Graubereich. Kam es dadurch zu Produktionsrückständen, hatten sich die Direktoren zu rechtfertigen. Die begangene Verletzung der staatlichen Ordnung wurde mit Disziplinarmaßnahmen geahndet.

Aus der Not heraus griffen Betriebe und Einrichtungen auf das Leistungs- und Arbeitskräftepotenzial der FDJ, der Nationalen Front sowie des Freien Deutschen Gewerkschaftsbunds (FDGB) zurück. Hier setzte man auf das Engagement der Massenorganisationen zur gemeinschaftlichen Lösung gesellschaftlicher Probleme. Kreativität, Eigeninitiative, Organisationstalent und Durchsetzungsvermögen waren gefragt. Initiativen unter Parolen wie »Umgebaut und Ausgebaut«, »Wir steigen den Dächern aufs Dach« oder »Dächer dicht!« wurden veranlasst, bei denen sogenannte Bauarbeiter-Feierabendbrigaden in ihrer Freizeit Altbauwohnungen älterer Menschen sanierten, Fassaden erneuerten oder lecke Mietshausdächer flickten.

»Gefühlt war kaum ein Dachboden nicht in unregelmäßigen Abständen mit Töpfen, Eimern und Pfannen zum Auffangen des Regenwassers bedeckt«, wie der Leiter eines Reparaturtrupps aus Leipzig berichtete. Dieses Phänomen bestand republikweit. Deshalb startete 1984 in Berlin-Prenzlauer Berg u. a. das Wettbewerbsprogramm »Dächer dicht auch in der zweiten Schicht« zum XI. Parteitag. Bis 1988 sollten alle maroden

Dächer im Stadtbezirk repariert sein. Eine ähnlich gelagerte Initiative zur Verbesserung der Wohn- und Lebensqualität war die von der Nationalen Front der DDR initiierte Aktion »Schöner unsere Städte und Gemeinden – Mach mit!«. Republikweit wurden Wohngebiets- oder Dorfgemeinschaften, aber auch Mitglieder von Arbeits- oder Sportkollektiven angehalten, während ihrer Freizeit unentgeltliche Arbeitsleistungen für die Gemeinschaft zu erbringen. Im Rahmen des sozialistischen Wettbewerbs konnten im Jahr 1984 beispielsweise zehn Wohnungen für invalide bzw. ältere Bürger im Dorf Henschleben (Kreis Sömmerda) renoviert werden. Als Anreiz und Ausgleich stellte man begehrte FDGB-Ferienplätze oder Urlaubsreisen in Aussicht.

Eine andere Form der Hilfe wurde Bewohnern kommunaler Wohnungen bei der Werterhaltung zuteil. In den 1980er-Jahren erhielten willige Mieter in der Regel eine finanzielle oder materielle Unterstützung, wenn sie zum einen unzumutbare Wohnbedingungen nachweisen konnten und sich zum anderen an der Durchführung von Baumaßnahmen in ihrer Wohnung beteiligten oder diese selbst übernahmen. Dadurch versuchte die Partei, Bürger zur selbstständigen Lösung ihres persönlichen Wohnungsproblems zu motivieren. Die langen Wartezeiten auf eine Neubauwohnung kamen dem Staat dabei gelegen. Eigenleistungen ermöglichten einen schnelleren Zugang zu besseren Wohnbedingungen und staatliche Beihilfen lockten besonders seit den späten 1980er-Jahren. Diese gab es ebenfalls für das Sanieren einer maroden Altbauwohnung. Mit Beginn des Wohnungsbauprogramms erklärte die SED, die Versorgung der Bevölkerung mit Baureparaturkapazitäten zu fördern. In der Realität erwartete der Staat hingegen vom Bürger eine hohe Bereitschaft bei der individuellen Materialbeschaffung.

Die Erhaltung der Wohnraumsubstanz wurde weit mehr von der Frage der materiellen und personellen Fundierung als von finanziellen Faktoren bestimmt. Oft wird das geringe Mietniveau als Hauptgrund für den dramatischen Altbauverfall angesehen. Tatsächlich reichten die staatlich festgelegten Mieten von 40 bis 80 Pfennig pro Quadratmeter in Altbauwohnungen keinesfalls aus, um staatliche, genossenschaftliche und private Wohnungen nur annähernd kostendeckend zu unterhalten. Zu bedenken ist aber, dass die Bewirtschaftung aller staatlichen und genossenschaftlichen Wohnungen massiv subventioniert wurde und es in der Planwirtschaft zu keinem Zeitpunkt an Geld fehlte. Dessen ständige Verfügbarkeit sicherte jedoch weder den Kommunen noch den AWGs alle notwendigen Baustoffe und Handwerkerleistungen. Aufgrund des chronischen Ressourcenmangels konnten die Wohnungsträger nicht mehr Material beziehen, als ihnen durch die Bauämter zugeteilt wurde und in den staatlichen Baustofflagern zum Bedarfszeitpunkt vorhanden war. Beschränkt blieb auch die Anzahl der Handwerkeraufträge, denn die wenigen Fachkräfte arbeiteten oftmals am Anschlag.

In erster Linie standen private Mietshauseigentümer vor dem Problem der Finanzierbarkeit notwendiger Reparaturen und Verschönerungsmaßnahmen aufgrund zu geringer Mieteinnahmen. Trotz des Massenwohnungsbaues war der private Anteil an Mehrfamilienmietshäusern mit 25 Prozent (Herbst 1989) eine nicht zu unterschätzende Größe. Ihr Wohneigentum umfasste hauptsächlich vor 1945 errichtete Objekte und besaß somit den größten Sanierungsbedarf. Gleichzeitig bestand die Verpflichtung, mit den geringen Mitteln einen bewohnbaren Zustand zu gewährleisten. Und so kam man nicht umhin, einen Kredit aufzunehmen und sich langfristig zu verschulden. Für viele blieb die Vermietung ein Verlustgeschäft. Waren keine ausreichenden Sicherheiten vorhanden, konnte ein Kredit sogar verwehrt werden. Zudem besaßen private Vermieter kaum Anspruch auf staatliche Reparaturkapazitäten und die Beauftragung von Handwerkerfirmen war äußerst kostspielig. Viele Eigentümer resignierten und gaben den Wohnraum bewusst dem Verfall preis. Eine Vernachlässigung führte aber oft zu Konflikten mit den Mietern und der zuständigen Wohnraumbehörde. Den finanziellen und psychischen

Belastungen entziehen konnte man sich durch die freiwillige Abgabe des Wohneigentums an den Staat. Die Überführung in Volkseigentum bedeutete für das Gebäude und die Mieter aber nicht zwangsläufig die Rettung. Schätzungen zufolge waren 50 bis 70 Prozent der übernommenen Objekte so heruntergekommen, dass jede Reparatur zu aufwendig gewesen wäre. Auf diese Weise schuf der Staat zusätzlich Abbruchhäuser.

Vielfach fehlten qualifizierte Handwerker, die im privaten Bereich sowie für die kommunalen Wohnraumverwaltungen aufwendige und komplizierte Baureparaturen übernehmen konnten. Die Zahl privater Bau- und Handwerkerfirmen ging zwischen 1945 und 1990 um zwei Drittel von 45.900 auf 14.500 zurück. Verstaatlichungen sowie die damit verbundene Eingliederung der Betriebe in Baukombinate ließen deren Zahl schrumpfen. Ebenso tiefgreifend auf den Strukturwandel im Bauwesen wirkte die massive Anwerbung von Handwerkern bzw. des Handwerkernachwuchses durch die bezirklichen Industrie-, Wohnungsbau- sowie Hoch- und Tiefbaukombinate. Die Kombinate lockten mit über einer Mark mehr Stundenverdienst, günstigeren Arbeitszeiten, einem geringeren Arbeitspensum, gewerkschaftlichen Ferienangeboten und nicht zuletzt mit der Aussicht auf bessere Wohnbedingungen. Viele Betriebseigentümer gaben wegen zu großen Restriktionen oder wegen fehlender Nachfolger ihre Geschäfte auf. Erst in den späten 1980er-Jahren unternahm die SED größere Anstrengungen zum Erhalt und zur Zulassung von Handwerkerfirmen.

Neben personellen Sorgen hatten private Handwerkerfirmen um ein Vielfaches mehr als die Baukombinate mit dem Problem fehlender Fahrzeuge sowie Baumaterialien, -maschinen und -ausrüstungen zu kämpfen. Lieferengpässe und Lücken im ohnehin begrenzten Sortiment, wie beim Zement, bei Fliesen oder Tapeten, gehörten besonders in den 1980er-Jahren zum Arbeitsalltag. »Nur mit Schmiergeldern war etwas zu erreichen«, wie ein Handwerker aus dem Bezirk Erfurt in seiner Staatsratseingabe kritisierte. Und auch das kommunale Wohnungswesen erhielt selten eine bedarfsgerechte Zuteilung. Die

Bundesarchiv, Bild 226-160, Hans Martin Sewcz

Hinterhof eines Abrisshauses in Berlin-Mitte, 1973.

knappen Ressourcen musste es sich mit anderen Bausparten teilen, denn Schulen, Bahnhöfe, Kindergärten, Kulturhäuser, Museen, Sportstätten, historische Gebäude und insbesondere Industrieobjekte sowie landwirtschaftliche Produktionsstätten bedurften von Zeit zu Zeit ebenso einer Erneuerung. Parallel zur Verknappung der Baustoffe nahmen die Sanierungsfälle zu. Spätestens in der zweiten Hälfte der 1980er-Jahre hatten auch die Wohnungsneubauten aus der ersten Dekade der DDR eine Überholung nötig. Die erforderlichen Maßnahmen blieben nicht allein wegen der Ressourcenverknappung oft genug aus. Zusätzlich bestand bei den meisten Baubetrieben der kommunalen Wohnungsverwaltungen ein Investitionsstau. Der Leiter der KWV Kölleda monierte 1987, dass Geräte verschlissen seien und der »Fahrzeugbestand des Betriebes total am Boden – veraltet« sei. Transporte zu Baustellen konnten kaum noch unternommen und Bautätigkeiten mussten daraufhin eingestellt werden.

Durch die Defizite in der DDR-Planwirtschaft ließ sich die erhoffte Kombination aus der notwendigen Verjüngung des

Wohnungsbestandes einerseits und der Instandhaltung sowie Instandsetzung der Altbausubstanz andererseits nicht realisieren. Die von Bauökonomen geforderte Fokussierung auf den industriellen Wohnungsbau behinderte, entgegen den zahlreichen Verlautbarungen der Partei- und Staatsführung, jeglichen Versuch, die marode, überalterte Bausubstanz zu retten. Zu groß war der Druck, schnell und ressourcensparend Wohnungen zu schaffen. Rein pragmatisch gab man dem Neubau als sogenannte Hauptaufgabe den Vorzug. Der Entschluss zu diesem Schritt fiel den lokalen Verantwortlichen nicht schwer, denn Umbau- und Instandsetzungsmaßnahmen galten als überaus arbeits-, kosten- und materialintensiv. Nach Berechnungen von Ökonomen war die Komplettsanierung einer Altbauwohnung nicht nur genauso teuer wie eine Neubauwohnung (zwischen 38.000 und 40.000 Mark), sondern in Planung und Umsetzung auch zeitaufwendiger. Der erwartete schnelle Zuwachs an Wohnraum hätte sich dadurch nur verzögert. Intensive Umbauvorhaben oder aufwendige Sanierungen durch staatliche Bauträger beschränkte man deshalb auf ein Minimum. Der von Honecker 1971 initiierte Prioritätenwandel hin zur Werterhaltung konzentrierte sich in der Praxis zum einen auf notwendige Reparaturen, welche zumeist die »reine Bewohnbarkeit« gewährleisteten und nur einen bedingten Sanierungseffekt hervorriefen. Zum anderen lag der Schwerpunkt auf den Modernisierungen. Obwohl die erbrachten Leistungen in jedem Fall den Wohnwert erhöhten, blieben sie oft nur Stückwerk. Der von den Mietern gewünschte Komfort ließ sich selten erreichen. Die Freude über eine Innentoilette oder ein Badezimmer relativierte sich schnell, wenn andere Mängel, wie undichte Fenster und Dächer, nicht behoben wurden.

Die Reparaturen waren weder nachhaltig genug noch reichten sie aus, um den Substanzverlust zu stoppen. Tausende Problemfälle blieben liegen. Der Verfall sollte ein dramatisches Ausmaß erreichen. 1989 besaßen landesweit um die 500.000 Wohnungen einen bauaufsichtlichen Sperrvermerk. Für 20 Prozent dieser Wohnungen bestand unmittelbare Lebensgefahr.

Schätzungen zufolge konnte der republikweite Reparaturbedarf nur zu 30 bis 40 Prozent gedeckt werden. Schäden verschlimmerten sich und mit der Zeit trat der Zustand der Unbehebbarkeit ein. In der Folge wurden vermehrt Häuser, Häuserzüge und ganze Altstadtkerne abgerissen oder absichtlich dem Verfall preisgegeben, wie das u.a. in Görlitz, Gotha, Rudolstadt, Templin, Güstrow, Quedlinburg, Reichenbach, Pasewalk oder Meißen praktiziert wurde. Ende der 1980er-Jahre waren 200 bauhistorisch wertvolle Altstädte für den Abriss vorgesehen. Umgestaltungspläne lagen für alle vor. Die kontinuierlich abnehmende Leistungskraft des industriellen Wohnungsbaus Ende der 1980er-Jahre blockierte jedoch zum Leidwesen der SED-Führung die meisten Altstadtrekonstruktionen.

Die Abrisspläne zeugen vom inneren Widerspruch der Modernisierungs- und Instandsetzungsbestrebungen der SED. Einerseits kam der rasante Verfall Parteiideologen und Städtebauern gerade recht. Andererseits bestand die Notwendigkeit der Werterhaltung, denn sie war ein Schlüssel zur Lösung der Wohnungsfrage. Diese Gegensätzlichkeit irritierte nicht nur die Bevölkerung, sondern auch die Akteure der kommunalen Wohnungswirtschaft. Mehrfach wurden z.B. in Halle, Leipzig oder Magdeburg teilmarode Straßenzüge zum Abbruchgebiet erklärt, obwohl dort kurz zuvor Reparaturen und Modernisierungen durch die Kommunalen Wohnungsverwaltungen, aber auch Mieter stattfanden. Letztere versetzten die Objekte unter großen physischen, psychischen und finanziellen Belastungen in einen bewohnbaren Zustand. Diese Fälle machten das Dilemma der Wohnraumerhaltung noch offensichtlicher. Das frustrierte alle Beteiligten, zumal die Unterstützung bei der Bewältigung dieser Aufgabe zu keinem Zeitpunkt ausreichte. Die Werterhaltung wurde in den späten 1980er-Jahren immer mehr zu einem Kraftakt und aussichtslosen Kampf gegen den unübersehbaren Verfall. Selbst die Appelle der SED an das sozialistische Bewusstsein der Menschen, sich im sozialistischen Wettbewerb zu engagieren, fruchteten spätestens 1989 nicht mehr. Die Machtmittel der Agitatoren beschränkten sich ohnehin auf politisch-ideologische Argumente, und so nahm auch unter den freiwilligen Helfern der FDJ wie auch der Nationalen Front oder des FDGBs die Aufopferungsbereitschaft ab und die Resignation zu.

Ergebnisse

Die Parteiführung ließ es sich nicht nehmen, mit viel Propagandaeinsatz die Erfolge im Wohnungsbau zu präsentieren. Dazu gehörten aufwendig inszenierte Übergabefeiern. Besonders zeremoniell ist in Anwesenheit Honeckers die Schlüsselübergabe der dreimillionsten Wohnung am 12. Oktober 1988 in Ost-Berlin begangen und in Szene gesetzt worden.

Eindrucksvoll demonstrierte Honecker mit der Errichtung von knapp 1,92 Millionen Neubauten sowie der Modernisierung von 1,1 Millionen Altbauwohnungen die vorfristige Erfüllung seines Versprechens, schließlich sollten erst 1990 bis zu drei Millionen WE fertig sein. Es ist unverkennbar, mit welch großem Ehrgeiz die DDR-Bauwirtschaft sowie die Partei das Wohnungsbauvorhaben angingen. Honecker hielt trotz zahlreicher wirtschaftlicher Schwierigkeiten am Konzept der Einheit von Wirtschafts- und Sozialpolitik und damit am offensiven Wohnungsbau unumstößlich fest. Die erbrachten Quantitäten sind für die DDR-Wirtschaft beachtlich. Aber bei genauerer Betrachtung der offiziellen Bauzahlen blieb das ursprünglich von Honecker verkündete Wohnungsbauprogramm mengenmäßig unerfüllt.

Dass Honecker schon 1988 die Realisierung seines 1976 gestarteten Wohnungsbauprogramms verkünden konnte, ist vor allem auf die Rückdatierung ins Jahr 1971 zurückzuführen. Dieser Eingriff entsprach einer Kürzung des ursprünglichen Bauvolumens um fast 20 Prozent. Damit ließen sich Minderproduktionen späterer Jahre ausgleichen. Und die Rückdatierung blieb nicht die einzige Manipulation. Mit Blick auf die Baustatistik offenbart sich, wie sehr die SED durch eine

Bundesarchiv, Bild 183-N0123-403, Heinz Junge

Industrieller Wohnungsneubau in Ost-Berlin an der Leninallee / Weißenseer Weg, 1974.

gesteuerte Informationspolitik nicht nur die eigene Bevölkerung und das Ausland, sondern auch sich selbst täuschte. Die Partei war zu sehr Gefangene ihres eigenen Versprechens. Sie stand unter Zugzwang und musste Erfolge vorweisen. Statistiken schönte sie im großen Stil. Problematische oder unbequeme Angaben, wie die zunehmenden Planrückstände in den 1980er-Jahren, wurden gezielt verschleiert. Unter großer Geheimhaltung kam es mehrfach zu Änderungen in der Kategorisierung sowie Erfassungsmethodik aller Wohnungsbauleistungen. Einzelnen Planteile wurden in der offiziellen Statistik nicht mehr separat ausgewiesen, sondern soweit zusammengelegt, dass das Statistische Jahrbuch der DDR ab 1976 nur noch zwei Kategorien kannte, den »Neubau« sowie die »Modernisierung«.

Zur Aufbesserung des Neubauergebnisses wurden alle geschaffenen Um- und Ausbauwohnungen bis zum Jahr 1975 und wieder ab 1979 als »Neubau« geführt. In den Jahren dazwischen zählten sie zur Kategorie »Modernisierungen«. Letzterer Rubrik gehörten bis 1982 auch alle rekonstruierten Wohnungen an, die danach der Sparte »Neubau« zugewiesen wurden. Weiterhin rechnete man jeden neu geschaffenen Unterbringungsplatz in Pflege- und Feierabendheimen sowie in Arbeiter-, Schüler- und Studentenwohnheimen (pro Zimmer zwei bis vier Plätze) als fertige, vollwertige Neubauwohnung mit in die offiziellen Statistiken ein. Die Bevölkerung wurde bis 1990 im Glauben gelassen, dass die Kategorie »Neubau« ausschließlich die Zahl der errichteten Neubauwohnungen und Eigenheime dokumentierte.

Aber nicht nur die Parteiführung beschönigte die eigene Statistik. Parteikontrollkommissionen stießen bei Untersuchungen auf Wohnungsbaubetriebe, die ihre Ergebnisse fälschten, »um Monat für Monat eine Planerfüllung vorzutäuschen, obwohl der Plan [...] nie erfüllt war.« Produktionsrückstände wurden durch eine doppelte Buchführung bewusst verdeckt. Baukombinate meldeten Neubauwohnungen als »fertiggestellt«, auch wenn sich diese noch im Rohbau befanden. Der hohe Erfüllungsdruck nötigte vor allem in den späten 1980er-Jahren fast alle Wohnungsbaubetriebe dazu, denn die Plandisziplin ließ sich oft nicht einhalten. Die SED-Führung erwartete indes verlässliche Zahlen aus den Betrieben für ihre eigenen Ergebniskorrekturen.

Zeitweise subsumierten die Statistiker unter der Kategorie »Modernisierung« alle Um- und Ausbaumaßnahmen, Instandsetzungen, Rekonstruktionen sowie Modernisierungen laut dem Stufenmodell. Wie das interne Berichtswesen zeigte, bestand bei den Modernisierungen das größte

Wikimedia, Hajotthu

Altbauverfall in Halberstadt, 1985.

Manipulationspotenzial. Beispielsweise bot der im vorhergehenden Kapitel beschriebene Pool an Maßnahmen zur Erreichung einer der drei Modernisierungsstufen den notorisch überlasteten kommunalen Wohnungsverwaltungen eine Vielzahl kreativer Möglichkeiten zur positiven Gestaltung ihrer Abrechnungen. Jede Wohnwertverbesserung ließ sich zeitlich takten, um dadurch bis zu drei Aufstufungen für ein und dieselbe Wohnung zu erlangen. Jede einzelne Aufstufung wurde als vollwertige Modernisierung abgerechnet und trieb das Bauergebnis massiv in die Höhe. Die personellen, zeitlichen und materiellen Aufwendungen variierten stark. Bevorzugt wurden Objekte, bei denen nur wenige Arbeiten bis zur Vollendung einer Modernisierungsstufe nötig waren. Oft reichte die Verlegung eines Trink- und Abwasseranschlusses an ein Mehrfamilienhaus. Diese Bauaufgabe erzielte besonders große Quantitäten, denn sie zog für alle im Haus befindlichen Wohneinheiten eine Modernisierung nach sich. Das nutzte beispielsweise auch die KWV Kölleda. Im Jahr 1989 verkündete die Betriebsleitung voller Stolz die Erfüllung des Wettbewerbsziels »zu Ehren des 40. Jahrestages der DDR«: die erfolgreiche Installation eines »Klärgrubenanschlusses« an ein Mietwohnhaus, wodurch in einem Zug »sechs Wohnungen modernisiert wurden.«

Attraktiv war die Mehrfachanrechnung von Gesamtbauleistungen an einer Wohnung. Beispielsweise konnte eine Rekonstruktion, die ab 1983 als Wohnungsneubau gezählt wurde, aufgrund der massiven baulichen Eingriffe bzw. Veränderungen gleichzeitig als Modernisierung in die Statistik einfließen, wenn die Voraussetzungen aus dem Leistungskatalog für eine der drei Modernisierungsstufen erfüllt wurden. Gleiches galt für notwendige Instandsetzungen im Zuge einer Verbesserung der Wohnungsausstattung. Selbst kleinste Reparaturen erfuhren eine Aufwertung hin zur Instandsetzung. Und nicht nur die Leistungen staatlicher Baubetriebe, sondern auch privat von Mietern veranlasste bzw. in Eigenregie durchgeführte Arbeiten zur Verbesserung der Wohnbedingungen wurden großzügig durch Wohnungskommissionen registriert. Der Erfüllungswille der örtlichen Räte sowie der Druck von »oben« förderten diese Erfassungspraktiken. Der Führung in Berlin kamen sie indes gelegen. So ließen sich in den Endabrechnungen bequem Rückstände im Neubau kaschieren und die Jahrespläne aufbessern. Generell versuchte die SED, ihr großes Wohnungsbauprogramm rein mengenmäßig über die Modernisierungen zu verwirklichen. Nach offiziellen Angaben aus dem letzten Regierungsjahr Honeckers erbrachten die DDR-Bauwirtschaft sowie die Bevölkerung zwischen 1971 und 1988 etwa 1,1 Millionen Modernisierungen.

Das Missverhältnis zwischen der offiziellen Statistik und der Wirklichkeit sollte dem Bürger nicht auffallen. Eine Abkehr von dieser Praxis vollzog sich erst mit dem Richtungswechsel und den personellen Veränderungen innerhalb der SED im Zuge des Volksaufstandes im Herbst 1989. Anfang 1990 erfolgte eine Bereinigung der gesamten Bauwerte auf der Basis intern erfasster Daten der Zentralverwaltung für Statistik der

DDR. Diese Zahlen aus der Regierungszeit Honeckers waren ursprünglich nicht für die Öffentlichkeit bestimmt, weshalb ihnen eine höhere Genauigkeit zugesprochen wird. Unter anderem wurden aus der Kategorie Neubau (Neubauwohnungen und Eigenheime) alle Heimplätze, Datschen (einfaches Freizeit- bzw. Wochenendhaus), Um- und Ausbauwohnungen sowie Rekonstruktionen entfernt. Da im Spätsommer 1989 die offizielle Jahresstatistik für das Planjahr 1988 und damit das letzte geschönte Statistische Jahrbuch der DDR unter der Regierung Honeckers veröffentlicht wurde, betrafen alle nachträglichen Korrekturen den Zeitraum von 1971 bis 1988. Die neu ermittelten Werte wichen von den ursprünglichen Verlautbarungen ab. In diesem Zeitraum wurden über 190.000 als »fertiggestellt« ausgewiesene Wohnungsneubauten nicht als solche errichtet. Demzufolge kamen etwa 570.000 Bürger weder in den Genuss ihrer Neubauwohnung noch ihres neuen Eigenheims, obwohl die offizielle Statistik der Bevölkerung eine Zuteilung suggerierte. Stattdessen verbargen sich dahinter Heimplätze oder Wohnraumzugewinne im Altbau.

Präsentiert wurden die revidierten Daten im Statistischen Jahrbuch für 1989, das im Mai 1990 erschien. Darin durften die Bauzahlen des Planjahrs 1989 nicht fehlen, welche die Statistiker auf der Grundlage neuer Erfassungskriterien und unter kritischer Verwendung der internen Meldungen berechneten. Die Leistungen des Jahres 1990 hatte man erst nach der Wiedervereinigung der Öffentlichkeit vorgelegt. Aufgrund dessen blieben die Endergebnisse der Jahre 1989 und 1990 von den Manipulationen der Honecker-Regierung unbehelligt.

Im Ergebnis entstanden zwischen 1971 und 1990 tatsächlich nur rund 1,87 Millionen Neubauwohnungen und Eigenheime, konkret 256.643 Neubauten weniger als in den Volkswirtschaftsplänen mit 2,1 Millionen veranschlagt. Die Planerfüllung erreichte eine Quote von ca. 88 Prozent. Der Anteil an Eigenheimen lag vor der Bereinigung bei 247.396 Einheiten. Danach blieben 196.445 übrig. An Neubauwohnungen schuf die DDR in diesem Zeitraum etwa 1,67 Millionen. Das tatsächliche Bauergebnis wirkt noch schwerwiegender für den ursprünglichen Bezugszeitraum des großen Wohnungsbauprogramms. Von 1976 bis 1990 realisierte die Bauwirtschaft 1,3 Millionen Neubauwohnungen. Zusammen mit engagierten Bürgern entstanden 154.765 Eigenheime (siehe Tab. 2).

Im Gegensatz zu den Neubauten gestaltet sich die Ermittlung der übrigen Bauleistungen schwieriger. Bei den Umbau-, Ausbau- sowie Instandsetzungs- und Rekonstruktionsmaßnahmen beläuft sich die Schätzung für die Jahre ab 1971 auf 235.687. Bezogen auf die Bauphase ab 1976 bleiben 165.687 übrig. Ungeklärt ist hingegen die Frage nach den Modernisierungen entsprechend dem Stufensystem. Modernisierungen fanden nicht allein auf dem Papier, sondern auch in einem sichtbaren Umfang statt. Dafür spricht ein messbar gestiegener Ausstattungsgrad im Altbau. Dennoch wurde deutlich weniger realisiert, als von der SED verkündet. Kaum nachvollziehbare Mehrfachzählungen und andere trickreiche Eingriffe machen es unmöglich, belastbare Werte zu ermitteln. Angesichts dessen verzichtete die Zentralverwaltung für Statistik der DDR darauf, Modernisierungen im bereinigten Statistischen Jahrbuch auszuweisen. Sogar für 1989 legte sie keine Zahlen vor und die Bauleistungen aus dem Jahr 1990 wurden nicht mehr statistisch erfasst.

Offen bleibt somit der tatsächliche zahlenmäßige Leistungsendstand von Honeckers Wohnungsbauprogramm. Die Frage nach der Erfüllung des Vorhabens lässt sich dennoch zum Teil beantworten. Das ursprüngliche Ansinnen, zwischen 1976 und 1990 mindestens 2,8 Millionen WE zu schaffen, war – selbst bei überzogenen Modernisierungswerten – angesichts von 1,47 Millionen Neubauten unerreichbar. Somit konnte Honecker sein auf dem IX. Parteitag gegebenes Versprechen nicht erfüllen. Mit Blick auf den verlängerten Bezugszeitraum des Bauprogramms ist die DDR nicht vollständig, aber deutlich näher an das geplante Mengenziel herangerückt.

Trotz aller Manipulationen muss fairerweise eingestanden werden, dass das Wohnungswesen unter den schwierigen

Bedingungen der Mangelwirtschaft mit all ihren Hemmnissen dennoch Erfolge vorweisen konnte und insgesamt ein für DDR-Verhältnisse beachtliches Resultat erzielte. Das war vor allem der Leistungsbereitschaft Zehntausender Bauschaffender sowie engagierter Bürger zu verdanken. Durch das ununterbrochene Festhalten der SED-Führung am Wohnungsbauprogramm gehörte der industrielle Massenwohnungsbau zu den leistungsfähigsten Wirtschaftszweigen der DDR.

Der Anteil höher ausgestatteter Wohnungen mit eigenem Bad konnte zwischen 1971 und 1989 von 39 auf 82 Prozent, mit Innen-WC von 58 auf 76 Prozent und bei der Zentralbeheizung von 25 auf 47 Prozent angehoben werden. Bei rund acht Millionen Menschen hatte sich der Wohnkomfort durch Honeckers Bauprogramm deutlich verbessert. Die Statistik verdeckt jedoch, dass als Nebeneffekt des Massenwohnungsbaues in Neubausiedlungen etwa 70 bis 80 Prozent der Wohnungen in älteren Stadtgebieten sowie in den vor 1900 errichten Häusern auf dem Land ohne diese Annehmlichkeiten auskamen. Im Jahr 1990 waren beispielsweise in der Zittauer Neustadt noch 76 Prozent der Altbauwohnungen mit einer Trockentoilette (Plumpsklo) auf den Hausfluren ausgestattet. Bei 16 Prozent befanden sich diese sogar auf den Hinterhöfen. Nur acht Prozent besaßen eine wohnungseigene Innentoilette. Landesweit verfügten 1990 etwa fünf Millionen DDR-Bürger weder über ein WC (1,76 Millionen WE) noch ein Bad (1,2 Millionen WE) in ihrer Wohnung.

Lösung der Wohnungsfrage

Mit den nackten Zahlen aus Neubau, Modernisierung und Instandsetzung suggerierte die SED-Führung dem Bürger einen Wohnraumzuwachs, den es in der Realität nicht gab. Auch wenn die Partei die Reparatur, Modernisierung und Instandsetzung als Bauaufgabe thematisierte, versuchte sie bewusst den Eindruck zu erwecken, als würde hauptsächlich neuer

Jahr	Erfüllung lt. Statistischem Jahrbuch vom September 1989			Tatsächliche Bauleistungen lt. Statistischem Jahrbuch vom Mai 1990		
	Gesamt	darunter		Gesamt	darunter	
		Neubau-wohnun-gen	Eigenhei-me		Neubau-wohnun-gen	Eigenhei-me
1971	65.021	62.823	2.198	64.911	62.713	2.198
1972	69.552	67.115	2.437	69.552	67.115	2.437
1973	80.725	75.536	5.189	80.725	75.536	5.189
1974	88.312	78.769	9.549	87.530	77.981	9.549
1975	95.976	84.768	11.207	95.133	83.926	11.207
1976	103.091	91.981	11.110	99.558	88.448	11.110
1977	106.826	95.042	11.784	103.278	91.494	11.784
1978	111.909	99.996	11.913	104.641	92.728	11.913
1979	117.355	99.527	17.828	101.188	88.561	12.627
1980	120.206	101.208	18.998	102.209	89.213	12.996
1981	125.731	104.268	21.463	110.916	95.280	15.636
1982	122.417	104.072	18.345	110.823	96.674	14.149
1983	122.636	104.175	18.461	107.258	93.126	14.132
1984	121.654	103.801	17.853	103.655	90.169	13.486
1985	120.728	102.541	18.187	99.129	86.423	12.706
1986	119.335	102.040	17.295	100.067	88.270	11.797
1987	113.974	96.087	17.887	91.896	80.122	11.774
1988	110.511	94.819	15.692	93.472	81.717	11.755
1989	k. A.	k. A.		83.361	72.127	11.234
1990	k. A.	k. A.		60.055	k. A.	

Tab. 2: Gegenüberstellung der manipulierten und tatsächliche Jahresergebnisse im Wohnungsneubau in Wohneinheiten für den Zeitraum von 1971 bis 1990.

Zeitraum		Planziel	Erfüllung lt. Statistischem Jahrbuch vom September 1989		Tatsächlich geschaffene Neubauten: Ist lt. Statistischem Jahrbuch vom Mai 1990	Abweichung zur Statistik vom September 1989	Abweichung zum Plan	Planerfüllung
		Anzahl in WE						Prozent
1971–1975		385.000	399.586		397.851	- 1.735	+ 12.851	103
1976–1980		550.000	559.387		510.874	- 48.513	- 39.126	92,9
1981–1985		600.000	613.166		531.781	- 81.385	- 68.219	88,6
1986–1990		591.000	1986–1988	343.820	285.435	- 58.385	- 162.149	72,6
			1989/1990		143.416			
Gesamt	71–88		1.915.959		1.725.941	- 190.018		90,1
	76–90	1.741.000			1.471.506		- 269.494	84,6
	71–90	2.126.000			1.869.357		- 256.643	87,9

Tab. 3: Abweichung der tatsächlichen Neubauergebnisse (Neubauwohnungen und Eigenheime) zum Plan sowie zur offiziellen Statistik bezogen auf die Erfüllungsphasen.

Jahr	Modernisierungen lt. Statistischem Jahrbuch vom September 1989, in Wohneinheiten
1971	21.756
1972	47.474
1973	45.044
1974	49.989
1975	44.817
1976	47.526
1977	55.919
1978	55.890
1979	45.388
1980	49.017
1981	59.619
1982	64.636
1983	74.585
1984	85.380
1985	91.494
1986	96.355
1987	100.212
1988	108.732
Gesamt	1.143.833

Tab. 4: Modernisierungen im Zeitraum von 1971 bis 1988 laut offizieller Statistik vom September 1989.

Wohnraum in Form von Neubauwohnungen geschaffen. Alle Modernisierungen und alle noch so kleinen Baureparaturen wurden von der Wertigkeit her einer Neubauwohnung gleichgesetzt. Durch die Verwendung von im Kontext positiv belegten Verben wie »fertiggestellt« und »übergeben« in offiziellen

Rechenschaftsberichten, Veröffentlichungen und Reden sollten die massiven Qualitätsunterschiede zwischen den erbrachten Leistungen verschwimmen und dem Bürger nicht auffallen. Auch wenn sich durch Modernisierungen die Wohnbedingungen verbesserten, einen produktiven Wohnraumzugewinn generierten Maßnahmen wie ein Wasseranschluss oder eine Innentoilette allerdings nicht. Zur Überraschung der Parteiführung erweiterte sich der landesweite Wohnungsbestand nur von sechs Millionen bei Honeckers Machtantritt auf etwas über sieben Millionen zum Ende der DDR. Jährlich gingen um die 54.000 Wohnungen durch Abriss oder baupolizeiliche Sperrung verloren. 1989 wiesen um die 1,2 Millionen Altbauwohnungen schwere bis schwerste Schäden auf. Selbst Honecker gestand nach der Friedlichen Revolution ein, dass die Vernachlässigung der Innenstädte ein Fehler war. In einigen Stadtgebieten Leipzigs beschlich dem Generalsekretär das Gefühl, »als wenn gerade erst das Artilleriefeuer des Zweiten Weltkrieges vorbeigegangen ist«. Die Verantwortung dafür übernahm er nicht. Die Schuld schob Honecker seinem Bauminister zu. Dieser habe schließlich entgegen den Zielen des Wohnungsbauprogramms die Werterhaltung vernachlässigt.

Der Neubaueffekt verpuffte angesichts des dramatischen Verfalls. Neben dem bauhistorischen Verlust hatte diese Entwicklung massive Konsequenzen für den Gesamtwohnungsbestand. Etwa die Hälfte aller neu hinzugewonnen Wohnungen diente als Ausgleich für den kontinuierlichen Abgang der Altbausubstanz. Setzt man die Abrisszahlen ins Verhältnis zum Neubau, so standen der Bevölkerung während Honeckers Regierung pro Jahr nur etwa 40.000 bis 50.000 Wohnungen zusätzlich zur Verfügung. Davon profitierten jährlich rund 120.000 bis 150.000 Einwohner.

Im Dezember 1988 verkündete Honecker euphorisch: »Wir haben mit dem Wohnungsbauprogramm eine Leistung vollbracht, die noch in ferner Zukunft davon künden wird, daß es unter Führung unserer Partei möglich war, die Wohnungsfrage als soziales Problem zu lösen.« Die Wohnrealität in der späten DDR zeigte aber ein ganz anderes Bild. Für viele DDR-Bürger blieb trotz der Flut an Jubelmeldungen und des gewaltigen Neubaus die Wohnungsfrage ungelöst. Die Wartelisten auf den Ämtern wurden immer länger. Im Jahr 1989 registrierten die Behörden über 778.000 als berechtigt eingestufte Anträge. Allein in Ost-Berlin lagen 70.000 und in Frankfurt an der Oder knapp 29.000 vor. Mittelstädte zählten im Schnitt 1.500 bis 2.000 Suchende. Und sogar in Gemeinden bewegte sich die Quote zwischen 10 und 15 Anträgen. Rund 28 Prozent der landesweit über 300.000 wohnungssuchenden Familien besaßen keine eigene Wohnung. Bei etwa 460.000 Singles betraf dies sogar 83 Prozent.

Die Ursache für die enorme Zahl an Anträgen ist vor allem im Wohnungsneubau zu suchen. Zum einen band dieser einen Großteil der notwendigen Ressourcen. Das trieb den Substanzverlust im Altbau voran und schuf zwangsläufig neue Problemfälle. Zum anderen besaß die Neubauwohnung eine hohe Symbol- und Anziehungskraft. Die Erfolgsmeldungen auf dem Gebiet der Wohnungspolitik und die nicht zu übersehenden Ergebnisse der Baupolitik anhand der vielerorts aus dem Boden gestampften Neubausiedlungen trugen dazu bei. Ununterbrochen pries die Partei alle Vorzüge einer Neubauwohnung an. Seit den 1960er-Jahren lautete das Motto: Die Neubauwohnungen ist da, »um Glück zu produzieren«. Der Staat schuf mit der Neubauwohnung einen neuen Wohnstandard. Dieser war politisch gewollt und ging mit dem Ziel einer modernen Wohnform und sozialistischen Wohnverhältnissen konform. Ungewollt stiegen zum Leidwesen der staatlichen Wohnraumlenker merklich die Wohnansprüche, denn die Neubauwohnung wurde zum qualitativen Maßstab. Die Vorstellung der Bürger wandelte sich hinsichtlich der baulichen Zumutbarkeit sowie des Komforts. Vor allem junge Menschen, die in der DDR ihre Sozialisation erfuhren, stellten höhere Ansprüche als die Generationen der Vorkriegszeit.

Dem Anstieg der Wohnansprüche konnte die Partei kaum etwas entgegensetzen, sondern trug durch die Förderung von

Ungerechtigkeiten zur Beschleunigung dieser Entwicklung bei. Das zeigte sich u. a. bei den staatlich festgesetzten Wohnungskosten. Mit höchstens 80 Pfennig entsprach der Quadratmeterpreis im gut sanierten Altbau fast dem einer ländlichen Neubauwohnung. Im Mittel lag dieser bei etwa 75 Prozent. Die geringen Mieten machten das Wohnen in der DDR überaus erschwinglich. Sie blieben in etwa auf dem Stand von 1936/37. Für die SED besaß das niedrige Mietniveau ein hohes ideologisches und soziales Legitimationspotenzial. Außerdem entsprang es ihrem sozialen Gewissen, denn gerechte und bezahlbare Mieten stellten eine frühe Forderung der Arbeiterbewegung dar. Mieterhöhungen zur Regulierung des Wohnraumbedarfs wurden von der SED-Führung stets ausgeschlossen.

In Ost-Berlin zahlte man für eine ab 1967 errichtete Neubauwohnung zwischen einer und 1,25 Mark pro Quadratmeter, im übrigen Teil der Republik zwischen 80 und 90 Pfennig. Eine fernbeheizte Drei-Raum-Wohnung im Neubaugebiet Dresden-Prohlis mit drei Zimmern, Küche, Bad, Balkon und Kellerverschlag kostete monatlich 71,20 Mark Kalt-Miete. Auch die massiv subventionierten und staatlich festgelegten Nebenkosten für Strom, Heizung und Wasser waren mit höchstens 40 Pfennig pro Quadratmeter überaus moderat. Insgesamt umfassten Mietaufwendungen eines Drei-Personenhaushalts nur sechs Prozent des Monatsnettoeinkommens. Bei kinderreichen Familien reduzierte sich die Miete ab dem vierten Kind um 80 Prozent. Eine Verbesserung der Wohnsituation durch den Wechsel von einer Alt- zu einer Neubauwohnung war mit äußerst niedrigen Mietmehrausgaben verbunden und damit sehr attraktiv. Durch die marginalen Mietunterschiede sahen sich Altbaubewohner oft ungerecht behandelt und forderten deshalb erst recht eine Neubauwohnung vom Staat.

Die geringen Kosten bargen nicht nur bei Wasser, Heizung und Strom großes Verschwendungspotenzial zum Schaden der Volkswirtschaft, auch Wohnraum wurde vielfach nicht ausreichend genutzt. Die niedrigen Mieten boten vor allem bei älteren Ehepaaren, deren Kinder ausgezogen waren, keinen

Entstehungs-zeitraum	Gesamtwohnungsbestand der DDR (in WE)				WE-Abgänge zw. 1971 und 1989	
	1971		1989			
	Anzahl	Prozent	Anzahl	Prozent	Anzahl	Prozent
vor 1945	4.797.169	79,2	3.802.179	54,3	994.990	20,7
1946 bis 1960	611.760	10,1	597,016	8,5	14.744	2,4
1961 bis 1970	648.103	10,7	626.427	9,0	21.676	3,3
1971 bis 1989			1.976.917	28,2		
Bestand	6.057.032	100	7.002.539	100		
Gesamt-abgänge					1.031.410	17,0

Tab. 5: Altersstruktur des landesweiten Wohnraumbestandes in den Jahren 1971 und 1989 nach Entstehungszeitraum sowie WE-Abgänge zwischen 1971 und 1989 (aus Buck: Mit hohem Anspruch gescheitert, S. 409).

finanziellen Anreiz, überschüssigen Wohnraum durch einen Umzug in eine kleinere Wohnung aufzugeben. Dieses Verhalten verschärfte die Wohnungsknappheit. Und so ergab sich ein Missverhältnis aus unterbelegten Wohnungen, in denen im Verhältnis zur Zimmer- und Quadratmeterzahl zu wenige Personen lebten, einerseits und der hohen Nachfrage von jungen Familien mit Kindern nach größerem Wohnraum andererseits.

Das Problem der Unterbelegung beschäftigte permanent die Wohnungsämter. Wohnungskommissionen bemühten sich, unterbelegten und ungenutzten Wohnraum aufzuspüren. In persönlichen Gesprächen versuchten deren Mitglieder, Bewohner von der sozialen Notwendigkeit zu überzeugen, eine

Bundesarchiv, Bild 226-006, Hans Martin Sewcz

Wohnung eines Abrisshauses, Leipzig 1980.

zu große Wohnung abzugeben und sich räumlich zu verkleinern. Keinesfalls alle waren einsichtig. Mancher fühlte sich gedrängt, was Widerstand und Trotz hervorrief. Konsequenzen hatte das nicht, denn der Staat besaß keine Handhabe, Mieter unterbelegter Wohnungen mit Zwang zu entfernen.

Obwohl Modernisierungen und Instandsetzungen rein statistisch den Wohnkomfort erhöhten, blieb dieser oft hinter den Erwartungen zurück. Die Maßnahmen erreichten nur selten die gewünschte Gleichwertigkeit mit einer Neubauwohnung. Zur Selbsthilfe bei der Lösung des eigenen Wohnungsproblems im Altbau war auch nicht jeder bereit, denn man musste über das notwendige handwerkliche Geschick sowie über ausreichend Nerven bei der Materialbeschaffung verfügen. Den Tausenden Schichtarbeitern fehlte oft die erforderliche Zeit und bei den geringen Verdiensten konnten Bauaktivitäten die Haushaltskasse stark belasten. Ein Großteil der jungen Familien mit Kindern strebte deshalb nach der unkomplizierten Neubauwohnung. Die gab es – abgesehen von der längeren Wartezeit – ohne großen körperlichen, finanziellen und logistischen Aufwand gratis vom Staat.

Die Sehnsucht nach einer Neubauwohnung entwickelte eine Eigendynamik unter der Bevölkerung, die sich in einer unaufhaltsamen Antragswelle äußerte. Und das überdurchschnittlich an denjenigen Orten, wo die größte Neubautätigkeit stattfand. Der Ansturm auf die Neubauwohnungen in den Siedlungen ging mit einer Migration aus den Innenstädten einher, was die dortige Verwahrlosung vorantrieb. In der Konsequenz drängten von den verbliebenen Bewohnern umso mehr auf eine Neubauwohnung und damit auf einen Wechsel ins Neubaugebiet. Die SED erzeugte mit ihrer Fokussierung auf den industriellen Massenwohnungsbau bei gleichzeitiger Vernachlässigung der Werterhaltung einen landesweiten Mangel an Neubauwohnungen. Die Nachfrage übertraf bei Weitem die Produktionsziele von Honeckers großem Wohnungsbauprogramm, weshalb es trotz seiner vermeintlichen Erfüllung im Jahr 1988 den tatsächlichen Bedarf nicht decken konnte.

Unter Honecker hatte sich die SED eine sozial gerechtere Wohnraumverteilung auf die Fahnen geschrieben. Kriterien bildeten die soziale Dringlichkeit, Arbeitskräftesicherung sowie der gesellschaftliche Verdienst des Wohnrauminteressenten. Die Vergaberichtlinien ließen sich in der Praxis nicht immer vollständig umsetzen, obwohl die Wohnungsverantwortlichen einen gewissen Ermessensspielraum besaßen. Prioritäten bei der Arbeitskräftesicherung in Betrieben konnten sozialen Problemlagen vorgeschoben werden. Zu sehr unterlag die staatliche Wohnraumvergabe inneren Widersprüchen sowie ideologischen, sozialen und wirtschaftlichen Zwängen, die sich nur schwer auszugleichen schienen. Gegenüber der Bevölkerung war diese Praxis kaum plausibel vermittelbar.

Spätestens 1989 schenkten weite Teile der Bevölkerung den offiziellen Erfolgsmeldungen im Wohnungsbau keinen Glauben mehr. Hunderttausende Wohnungssuchende und der unübersehbare Verfall sprachen für eine gescheiterte Wohnungspolitik, mit der die Partei keinesfalls von der

Bundesarchiv, B 145 Bild-F089044-0030 / Thurn, Joachim F. / CC-BY-SA 3.0

Wohnhochhäuser in Halle-Neustadt (Neustädter Passage).

Überlegenheit des Sozialismus zu überzeugen vermochte. Das Wohnungsbauprogramm verlor seine stabilisierende und machtsichernde Wirkungskraft für die SED. Die angestaute Wut Tausender Bürger über die ungelöste Wohnungsfrage sollte sich auch bei den landesweiten Demonstrationen im Herbst 1989 entladen.

Neubauwohnung und Wohnkomplex

Ein wichtiger Aspekt sozialistischen Wohnens war die Entwicklung egalitärer Wohnverhältnisse. Die Parteiführung zielte entsprechend ihres ideologischen Gleichheitsprinzips (klassenlose Gesellschaft) darauf ab, dass sich alle Menschen auch beim Wohnen annähern. Der soziale Wandel sollte dazu führen, dass ein Universitätsprofessor neben einem Werksarbeiter in einer gleichwertigen Wohnung lebt. Die Zuteilung hatte unabhängig von der Position des Suchenden zu erfolgen. Das Ansinnen ideologiegebundener Parteifunktionäre von der Schaffung gleicher Wohnbedingungen fand in den genormten Block- und Plattenbauwohnungen seine Verwirklichung. Von diesen entstanden während der gesamten DDR-Zeit etwa 2,2 Millionen v. a. in Neubaugebieten (ab 300 WE) und Wohnkomplexen bzw. Großwohnsiedlungen(über 2.000 WE). 1989

Bundesarchiv, Bild 183-H0909-0009-001-T1, Siegfried Voigt

Wohnkomplex I von Halle-Neustadt. Wohnhauszeilen wechseln sich ab mit Versorgungs- und Infrastruktureinrichtungen. Im Bildvordergrund Baustelle des Delta-Kindergartens im Jahr 1969.

lebte jeder dritte Bürger in einer industriell gefertigten Wohnung. In der Bundesrepublik hingegen nur jeder 60.

Ein weiteres Merkmal sozialistischer Wohnbedingungen war, der gesamten Bevölkerung komfortable und somit moderne Wohnmöglichkeiten zur Verfügung zu stellen. So boten Neubauwohnungen, stets mit einem eigenen Bad, eigener Toilette, fließend Warm- und Kaltwasseranschluss, Herd und entweder mit Heizkörpern oder Kohleöfen ausgestattet, erhebliche Annehmlichkeiten und einen deutlichen Gewinn an Lebensqualität im Vergleich zu den meisten Altbauwohnungen oder einer Notunterkunft.

Trotz relativ einheitlicher Bausysteme bestanden bei den Neubauwohnungen regionale Abweichungen. Wohnungen auf dem Land wiesen wesentlich bescheidenere Standards auf als ihre Pendants in den Wohnkomplexen der Groß- und Industriestädte. Dort waren Neubauwohnungen in der Regel großzügiger geschnitten. Dennoch blieben sie im Vergleich zu den meisten Altbauwohnungen aufgrund von Rationalisierungen recht klein. Im Mittel betrug die Wohnfläche 58,4 Quadratmeter und bewegte sich damit unter dem Landesdurchschnitt von 64 Quadratmetern. Jedem DDR-Bürger standen somit 27 bis 28 Quadratmeter Wohnraum, in einer Neubauwohnung aber nur rund 20 Quadratmeter zur Verfügung. Das war im Vergleich zu den 36,7 Quadratmetern eines Bundesbürgers relativ wenig. Selbst ein Arbeits- oder zweites Kinderzimmer stellte für viele DDR-Familien einen seltenen Luxus dar.

Bei den Wohnungskategorien dominierte die klassische Drei-Raum-Wohnung. Ausgelegt für einen Vierpersonenhaushalt bediente sie das gängige Familienmodell: Mutter, Vater und zwei Kinder. Für eine Drei-Raum-Wohnung waren je nach Raumkonzeption und Haustyp rund 30 Plattenelemente nötig. In kleineren Neubaugebieten auf dem Land sowie vereinzelt in Vorstädten überwogen Wohnblocks mit drei oder vier Etagen und Satteldach. Kreisstädte verfügten hingegen über Fünf- und Sechsgeschosser mit Flachdach. An Vorzeigeplätzen entstanden vereinzelt elfgeschossige Wohnscheiben. Wohnkomplexe

Bundesarchiv, Bild 183-R1027-003, Wolfang Kluge

Industrieller Wohnungsbau auf dem Land im Bezirk Leipzig, 1976.

in Großstädten bestückten die Baukombinate hauptsächlich mit neun- und elf-geschossigen Wohnscheiben sowie mit bis zu 18-etagigen Punkthochhäusern. Mit 21 Etagen konnte Ost-Berlin die höchsten Wohnhäuser der Republik vorweisen. Glänzen musste die Hauptstadt auch mit den ausgedehntesten Wohnblockzeilen wie z. B. dem Wilhelmsruher Damm, wo sich auf 2.090 Metern ein Block an den anderen reiht. Kleiner dimensionierte Blockverbünde, teils mit Verbindungsgängen, finden sich seit den 1960er-Jahren. Zu den größten außerhalb der Hauptstadt zählen u. a. die Wohnscheibe Nord in Dessau sowie der zehngeschossige Weiße Riese (Block 10) in Halle-Neustadt. Letzterer beherbergt auf 385 Metern 320 Mehrzimmer- und 536 Einraumwohnungen für 3.000 Personen. Eine Wohnsuperlative entstand hingegen abseits der industriellen Großsiedlungen zwischen 1966 und 1968 in Leipzig-Probstheida. Mit 333 Metern war die sogenannte »Lange Lene« der längste durchgängig begehbare Wohnblock der DDR. Diese Position hält der Mittelgangplattenbau weiterhin

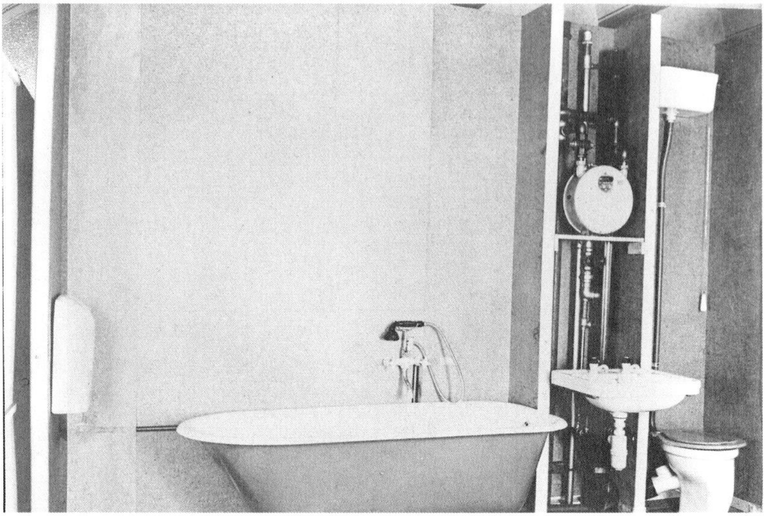

Bundesarchiv, DH 2 Bild-F-02117

Modell des Nassbereichs im Badezimmer einer Neubauwohnung mit Badewanne, Waschbecken (am offenen Versorgungsschacht) sowie Toilette. Präsentation auf der Leipziger Messe im Jahr 1970.

im vereinten Deutschland. Im Objekt befinden sich fast 800 WE für 1.500 Menschen.

Unterschiede zwischen Großstadt und Land betrafen auch die qualitative Ausstattung. Beispielsweise verfügten mehrgeschossige Neubauwohnungen in den Wohnkomplexen der Bezirksstädte, Industriezentren sowie der Hauptstadt über Aufzüge. Bewohner von sechsgeschossigen Objekten in ländlicheren Regionen wie in Neuhaus am Rennweg oder Halberstadt mussten auf diese Bequemlichkeit verzichten. Mit Fernwärme lockten die Wohnungen in den Siedlungskomplexen der Großstädte. Auch in Kreisstädten wurden hochgeschossige Objekte zumeist mit Fernwärmeanschluss errichtet. Hingegen setzten die Bauökonomen in Gemeinden sowie in kleineren Neubaugebieten von Klein- und Kreisstädten auf drei- und viergeschossige Wohnblocks mit Kohleöfen. Verstärkt wurde diese Tendenz durch die Rohstoffkrise Mitte der 1970er-Jahre. Statt

Bundesarchiv, Bild 183-N0806-015, Heinz Junge

Einzug in eine Neubauwohnung im Neubaugebiet Leninallee/Weißenseer Weg in Ost-Berlin, 6. Juli 1974.

auf das teure Gas und Öl setzte die Staatsführung auf die in großen Mengen im eigenen Land förderbare Braunkohle. Viele Bürger mussten sich deshalb weiterhin mit dem Kohlenschleppen abfinden.

Während in Ost-Berlin oder Leipzig die Wohnungen zum Teil schon tapeziert und mit einer Einbauküche ausgestattet waren, mussten sich die Erstbezieher außerhalb der Metropolen mit blanken Betonwänden in den leeren Räumen abfinden. Sanitäranlagen nebst Badewanne waren eingebaut, die Nassräume gefliest und die Öfen gesetzt. Die Komforteinbußen im ländlichen Raum stellten aber nur selten einen Hinderungsgrund für eine Neubauwohnung dar. Erstbezieher berichteten vielfach von einer grundlegenden Verbesserung ihrer Wohn- und Lebenssituation.

Die Einrichtung der Wohnungen war relativ einfach. Das überschaubare Möbelsortiment passte die Industrie den gängigen Wohnungsmaßen an, sodass sich jede Schrankwand perfekt in eine Neubauwohnung einfügte. Einzig mit dem gelblichen Linoleum-Fußboden konnten sich die wenigsten anfreunden. Dieser gehörte standardmäßig zu jeder Wohnung und wurde in der Regel mit Teppichboden überdeckt. Trotz aller Vereinheitlichungen versuchten die Mieter als Zeichen der Abgrenzung und Individualität, soweit wie möglich ihr eigenes Refugium zu schaffen. Auch wenn Ratgeber kreative Ideen zur platzsparenden Nutzung der beengten Räume bereithielten, lief bei der Gestaltung doch vieles auf den Einfallsreichtum der Bewohner hinaus. Beispielsweise schuf man ausreichend Stauraum mit Schränken oberhalb der Wohnungstür. Jede Neubauwohnung verfügte zusätzlich über einen Kellerraum oder Verschlag. Etwa jede dritte besaß einen Balkon. Dieser bot einen zusätzlichen Bereich für individuelle Gestaltungen sowie für die Erholung bzw. Freizeitaktivitäten.

Die Atmosphäre in den Wohnhäusern und -gebieten empfanden die Bewohner zu DDR-Zeiten unterschiedlich. Die nach der Wiedervereinigung oft unterstellte und vielbeschriebene Anonymität, Isolation, Bedrücktheit sowie Unpersönlichkeit lässt sich nicht pauschal bestätigen. Die Spannweite der Empfindungen reichte von Zufriedenheit bis Ablehnung, wobei das Positive überwog. Dem Wohlgefühl zuträglich war der DDR-weit verbreitete und intensiv gepflegte Gemeinschaftsgedanke. Feste Hausgemeinschaften entwickelten sich in fast jedem Wohnblock. Zu ihren Stärken gehörten die gegenseitige Hilfeleistung und die Geselligkeit. Der hohe Anteil von Beschäftigten aus einem Betrieb sowie von jungen Familien mit etwa gleichaltrigen Erwachsenen und Kindern schuf zusätzliche Interessens- und Aktionsüberschneidungen. Feiern, Schlachtfeste sowie Musik- und Spieleabende festigten den Zusammenhalt. Im besten Fall konnten sich aus nachbarschaftlichen Bekanntschaften langjährige Freundschaften entwickeln. Im schlechtesten Fall blieben Bewohner vom Gemeinschaftsleben unerfasst, was zu Absonderung und Vereinsamung führte.

Während für Erwachsene und Kinder meist Beschäftigungsmöglichkeiten vorhanden waren, hatten Jugendliche vielfach das Nachsehen. Speziell auf sie zugeschnittene Freizeiteinrichtungen, wie Klubräume oder Sportstätten, verwirklichte der Staat nur an wenigen ausgewählten Orten. Die angebotenen Kapazitäten deckten selten die Nachfrage. Heranwachsende fühlten sich in den Wohngebieten oftmals gelangweilt, deplatziert, ungehört und vernachlässigt. Bauplaner gingen bei der Konzeption und Umsetzung der Siedlungen kaum auf deren Bedürfnisse ein, obwohl gerade dort die Zahl der Jugendlichen, wie auch der Kinder, sehr hoch war. Generell zeichneten sich alle Wohnkomplexe und Neubaugebiete durch eine junge Einwohnerschaft aus. Beispielsweise lag das Durchschnittsalter in Halle-Neustadt bei 27,2 Jahren. Das Miteinander und die Lebenswelt in manchen Punkthochhäusern oder hochgeschossigen Wohnscheiben wurde zum Teil als familiär, fast dörflich erlebt. Vor allem Kinder teilten diese Wahrnehmung. Für sie waren die Siedlungen ein Abenteuerspielplatz. Die Außenbereiche um die Wohnblocks glichen direkt nach der Fertigstellung oft einer »Schlammgrube« aus Schmutz, Bauresten und Brettern. Geteerte Straßen, Gehwege oder Grünanlagen fehlten.

Der Staat erwartete von den Bewohnern ein hohes Maß an Eigeninitiative. Hausgemeinschaften beteiligten sich an volkswirtschaftlichen Masseninitiativen zur Gestaltung des Wohnumfeldes. Die Einwohner legten Grünflächen und Blumenrabatten an, pflanzten Bäume und bauten Garagenkomplexe, Kleingartenanlagen, Ruheecken, Wäsche- und Spielplätze sowie Wege. Gepflasterte Fußwege und Teerstraßen durch die staatlichen Baubetriebe ließen mitunter Monate, in kleineren Neubaugebieten sogar Jahre auf sich warten.

Großwohnsiedlungen wie Halle-Neustadt punkteten mit einer Schnellbahn, die in ca. elf Minuten die Chemiewerke Buna und Leuna erreichte. Hingegen ersehnten sich die meisten Bewohner Jena-Lobedas seit den frühen 1980er-Jahren einen Straßenbahnanschluss. Bis zur Wiedervereinigung ging

Bundesarchiv, Bild 183-S1209-0018, Dieter Demme

Ambulatorium (Medizinisches Versorgungszentrum) und Wohnhochhäuser im Erfurter Wohnkomplex Rieth, Dezember 1977.

Bundesarchiv, Bild 183-H0612-0301-020, Hubert Link

Spielplatz im Wohnkomplex Rostock-Lütten-Klein, 1969.

das Vorhaben über die Planung nicht hinaus. Erst 1993 begann der Streckenbau. Unzureichende Anbindungen an den Personennahverkehr stellten landesweit ein Dauerbeschwerdethema dar. Dennoch schätzten viele Bewohner einen zentralen Vorteil der Wohnkomplexe. Alle entwarf man nach dem Prinzip möglichst kurzer Wege. Verkaufsstellen, Schulen oder Kindergärten waren im Schnitt innerhalb von fünf bis sieben Minuten erreichbar. Trotz einer sehr engen Bebauung lagen Erholungsbereiche wie Spielplätze und Schrebergärten in der Nähe. Der Anteil an Grünflächen am Stadtgebiet Halle-Neustadts betrug sogar 42 Prozent. In den meisten Wohngebieten beschränkte sich der Grünanteil jedoch auf Rasenstreifen zwischen den Häuserzeilen mit vereinzelten Bäumen und Büschen.

Neubaugebiete (ab 1.000 Einwohner bzw. 300 WE) und Wohnkomplexe bzw. Großwohnsiedlungen (über 6.000 Einwohner oder 2.000 WE) wurden als moderne, funktionale »Wohn-Städte« bzw. sozialistische Idealstädte geplant, die sich den Bedürfnissen ihrer Bewohner anpassen sollten. Dazu wurden sie mit Gesellschafts- und Infrastruktureinrichtungen ausgestattet. In Plattenbauweise entstanden je nach Größe der Siedlung verteilt auf das gesamte Gebiet Kaufhallen oder Verkaufsstellen der volkseigenen Handelsorganisation (HO) sowie der Konsumgenossenschaft, Schulen, Kindergärten, Altpapiersammelstellen, Sporthallen und Jugendclubs. Wohnkomplexe besaßen zusätzlich Schwimmhallen, Bibliotheken, Wohngebietsgaststätten und -restaurants sowie Gesundheitseinrichtungen. Letztere realisierten Architekten in der Regel in sogenannten Wohnkomplexzentren, wo diese in Kombination mit Verkaufseinrichtungen angesiedelt wurden. Die forumsartigen Plätze, oftmals ein Arrangement aus Wasserspielen, Blumenbeeten und betonierten Freiflächen, waren das Herzstück der Siedlungen. Sie vereinigten die Funktion des Versammlungs-, Kultur- und Marktplatzes.

Bis 1990 entstanden 70 Großsiedlungen mit über 5.000 und 55 mit mindestens 2.500 Wohneinheiten. In Kreisstädten schufen Baubetriebe zumeist Neubaugebiete mit ca. 800 Einheiten und in fast jeder Klein- und Mittelstadt etwa 300 bis 600 Einheiten. Spitzenreiter unter den Großsiedlungen war Berlin-Marzahn mit 60.000 WE. Orte mit einer sehr hohen Dichte an industriell gefertigten Wohnungen – verteilt auf mehrere Siedlungen – waren unter anderem Schwedt (85 Prozent), Frankfurt an der Oder (72 Prozent) oder Rostock (65 Prozent).

Die Wohnstädte sollten beeindrucken und vom Fortschritt der DDR zeugen. Aber nicht alle fühlten sich dort gleich wohl und angekommen. Manch neuen Bewohner überforderten die Häuserschluchten und Plattenensembles. Auch bestanden hinsichtlich der Bebauungsqualität zwischen den Siedlungen sowie innerhalb eines Wohnkomplexes erhebliche Unterschiede. Eine zu enge, hochgeschossige Bebauung sowie zu monotone Architekturvarianten schmälerten die Wohnzufriedenheit. Besonders ärgerlich für Bewohner waren nachträgliche Eingriffe der Siedlungsplaner. Um Bauland zu sparen kam es in den 1980er-Jahren vielfach zu Nachverdichtungen bzw. Lückenschlüssen durch Blockergänzungen, wofür Grün- und Erholungsflächen weichen mussten. Infolgedessen standen Blocks noch näher beieinander.

Für Abwechslung im Einheitsgrau oder -rotbraun der Betonplatten sorgte die Wohngebietskunst. Diese bildete einen festen Bestandteil der Objektplanungen. Aufgrund von Material- und Personalengpässen sowie Zeitdruck ließ sie sich nur selten vollständig realisieren. Meist folgten vereinfachte Varianten. Zur besseren Orientierung im »Wohnblockdschungel« und Auflockerung der Häuserkompositionen wurden auf Plätzen und Grünflächen Skulpturen und Plastiken installiert oder in einigen Fällen ganze Häuserfassaden mit Farbmotiven oder -mosaiks versehen. Die bildkünstlerische Gestaltung diente aber nicht allein als Schmuckelement. Die oft idealisierten Bilder und Skulpturen transportierten die Botschaft einer sich entwickelnden idealen sozialistischen Gesellschaft. Die Wohnkomplexe entsprachen den Vorstellungen der SED-Führung von sozialistischen Wohn- und Lebensbedingungen, die bei der Bevölkerung eine positive Grundeinstellung zum Sozialismus erzeugen und zur Entwicklung einer sozialistischen Gesellschaft beitragen sollten. Die Siedlungen galten als Gegenentwurf zu den Wohnvierteln aus der Zeit vor 1945 und standen nach Ansicht der SED für Modernität, Sauberkeit, Gesundheit und Wohlbefinden.

Während Schulen, Kindergärten und Verkaufsstellen schnell auf die Wohnobjekte folgten, ließen in den meisten Neubaugebieten die Gesellschaftseinrichtungen aufgrund nachrangiger Priorität auf sich warten. Bauverzögerungen oder zu gering bemessene Kapazitäten in den Freizeitobjekten sorgten bei den Bewohnern für Unmut. Eine Mitte der 1980er-Jahre im über 9.000 Einwohner zählenden Erfurter Wohnkomplex Rieth durchgeführte Umfrage ergab, dass das Komplexzentrum in seiner Mitte alle wichtigen Versorgungsaufgaben, wie zum Beispiel die medizinische Betreuung in einer Ambulanz oder die Versorgung mit Waren des täglichen Bedarfs in Geschäften, sicherstellte, es aber auf der Gesamtfläche an Kultur- und Freizeiteinrichtungen, vor allem für die Jugend, fehle. Besonders bei der Gastronomie beständen massive Defizite, was 83 Prozent monierten. Geringen Anklang unter den Befragten fand das Wohnumfeld, welches durch die wenig abwechslungsreiche Gestaltung als nicht attraktiv genug empfunden wurde. Angesichts dessen gaben nur 47,9 Prozent dem Wohnkomplex eine gute Note. Mit ihren Neubauwohnungen waren hingegen 69 Prozent vollkommen zufrieden. Rund 21 Prozent schätzten sie weitgehend positiv ein. Dieses Ergebnis lässt sich auf die meisten Wohnkomplexe und Neubaugebiete übertragen. Der Anspruch, mit einem modernen Umfeld einen besonders hohen Wohlfühlcharakter zu erzeugen, erfüllte sich selten. Für diejenigen, die weder einen Garten besaßen noch einen Ruhe- und Freizeitbereich im Freien nutzen konnten bzw. wollten, beschränkte sich das Wohnen im Komplex oder Neubaugebiet zumeist darauf, sich in der Wohnung aufzuhalten und dort zu regenerieren.

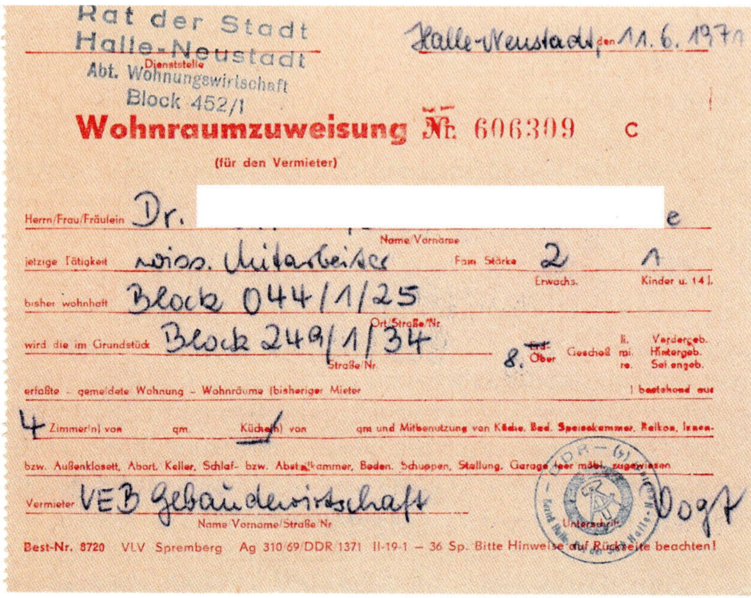

Rat der Stadt Halle-Neustadt
Abt. Wohnungswirtschaft
Block 452/1
Dienststelle

Halle-Neustadt, den 11.6.1971

Wohnraumzuweisung Nr. 606309 c

(für den Vermieter)

Herrn/Frau/Fräulein Dr. [redacted] e
Name/Vorname

jetzige Tätigkeit wiss. Mitarbeiter Fam. Stärke 2 Erwachs. 1 Kinder u. 14 J.

bisher wohnhaft Block 044/1/25
Ort/Straße/Nr.

wird die im Grundstück Block 249/1/34 8. Erd. Über Geschoß li. mi. re. Vordergeb. Hintergeb. Sei.engeb.
Straße/Nr.

erfaßte – gemeldete Wohnung – Wohnräume (bisheriger Mieter) bestehend aus

4 Zimmer(n) von qm Küche(n) von qm und Mitbenutzung von Küche, Bad, Speisekammer, Balkon, Innen-

bzw. Außenklosett, Abort, Keller, Schlaf- bzw. Abstellkammer, Boden, Schuppen, Stallung, Garage leer möbl. zugewiesen

Vermieter VEB Gebäudewirtschaft
Name/Vorname/Straße/Nr.

Unterschrift Vogt

Best-Nr. 8720 VLV Spremberg Ag 310/69/DDR 1371 II-19-1 – 36 Sp. Bitte Hinweise auf Rückseite beachten!

Wikipedia AndreasUndIch

Alltagserfahrung Wohnungssuche

Vom Wohnungsantrag zur Wohnungszuweisung (1980er-Jahre)

»Damit wird Ihr Wohnraumproblem für Sie zufriedenstellend gelöst.« Diesem Satz aus dem Mund des zuständigen Sachbearbeiters beim Wohnungsamt fieberten Hunderttausende DDR-Bürger entgegen. Bei der Wohnungssuche sammelte jeder seine eigenen Erfahrungen, die vielfältiger nicht sein könnten. Gemeinsam haben sie aber eines: Die Wohnungszusage galt vielen Suchenden als Sechser im Lotto.

Die Wohnung besaß nicht nur Einfluss auf den Lebensalltag, sondern auch auf den persönlichen Lebensweg. Sie entschied oft über das persönliche Glück und die familiäre und berufliche Zukunft. Ging beispielsweise der Antritt der Wunschanstellung mit einem Ortswechsel einher, entschied allein die Wohnungszuweisung darüber, ob sich dieser Traum erfüllte oder zerschlug. Und auch im Zwischenmenschlichen konnte der Erhalt oder Nichterhalt einer Wohnung wegweisend sein. Das lange Warten, die Unsicherheiten und die erschwerten Wohn- und Lebenslagen erwiesen sich für viele Beziehungen als Stresstest, dem auf Dauer nicht alle gewachsen waren.

Der Weg zur eigenen oder neuen Wohnung war mit vielen Hürden gespickt und gestaltete sich für einen Großteil der DDR-Bevölkerung keineswegs als Kinderspiel. Bis auf wenige Privilegierte musste die breite Masse selbst aktiv werden. Die Mehrheit empfand die Wohnungssuche als eine mühsame Angelegenheit, als Spagat zwischen Bürokratie und Selbsthilfe. Oft war die Suche konfliktgeladen und von Beharrlichkeit und Glück genauso wie von Frustration und Wut geprägt. Nicht wenige resignierten.

Wohnungsamt

Anders als in der Bundesrepublik gab es in der DDR keinen freien Wohnungsmarkt, bei dem der Preis das Angebot und die Nachfrage regelte. Bis zum Schluss bestand das Prinzip der staatlich gesteuerten Zuweisung von Wohnraum. Entscheidend waren nicht die finanzielle Situation des Interessenten und die Bereitschaft, die geforderte Miete zu entrichten. Vielmehr musste sich jeder Wohnungssuchende der Hoffnung hingeben, die Partei- und Staatsführung werde das persönliche Wohnanliegen schon erfüllen.

Erste Anlaufstelle waren die dem Fachorgan Wohnungspolitik/Wohnungswirtschaft unterstellten kommunalen Wohnungsämter bei den Räten der Städte und Gemeinden. Diese entschieden über die Vergabe des gesamten freien Wohnraums in ihrem Zuständigkeitsbereich auf der Grundlage gesetzlicher Regelungen. Gleichzeitig hatte die Wohnbehörde den gesamten Wohnungsbestand mit allen Zu- und Abgängen zu überblicken. Jede gemeldete Wohneinheit war in einer Kartei mit den folgenden Angaben erfasst: Anzahl der Wohnräume, Ausstattung (Innen-Bad/WC), Baualter, Gebäudetyp, Zustand des Wohnobjektes, Eigentumsform sowie Mieter nebst Bewohndauer. Die erhobenen Daten galt es möglichst aktuell zu halten. Obwohl im Fachorgan Wohnungspolitik/Wohnungswirtschaft bei den Räten der Städte und Gemeinden alle für das kommunale Wohnungswesen zuständigen Kräfte gebündelt waren, kam es in der Praxis aber immer wieder zu organisatorischen Schwierigkeiten und Defiziten in den Abstimmungsprozessen unter den beteiligten Entscheidungsträgern. Oft standen Altbauwohnungen bis zu über einem Jahr leer. Trotz regelmäßiger Wohnungskontrollen erfolgten Freimeldungen verzögert. In den Spätjahren der DDR halfen Entwicklungen auf dem Gebiet der elektronischen Datenverarbeitung. Mit der Anwendung von Computerprogrammen versprach sich die SED eine effektive Auslastung des Bestandes, um dem Mangel nach Maßgabe der zur Verfügung stehenden

Ressourcen besser begegnen zu können. Dennoch registrierten die Behörden im Jahr 1985 einen republikweiten Leerstand von 235.133 WE. Nach der Wiedervereinigung wurde auf der Basis realistischer Parameter der Leerstand für das Jahr 1989 sogar auf über 400.000 Wohnungen geschätzt.

Angehörigen von Großbetrieben und größeren Institutionen, wie Universitäten, standen eigene Wohnungsbüros als Anlaufstelle zur Verfügung. Die Wohnungsabteilungen besaßen unter Einhaltung aller gesetzlichen Normen ein Belegungsrecht (Wohnraumlenkungsbefugnis) für alle Wohnungen, die ihnen der Staat neu zuteilte, sowie für den betriebs- bzw. institutionseigenen Wohnungsbestand. Dieser setzte sich vor allem aus Werkswohnungen zusammen, die der Staat Betrieben durch jährliche Zuteilungen zur langfristigen Eigennutzung und Bewirtschaftung überließ. So konnten Betriebe über Jahre hinweg große Wohnungsfonds aufbauen. Institutionen hatten es damit hingegen schwerer. Die gewährten Wohnungen waren nur teilweise Werkswohnungen gleichgesetzt. Gehörte eine Wohneinheit nicht dieser Kategorie an, musste sie nach dem Auszug des Mieters an die Kommune abgegeben werden. Werkswohnungen konnten die Wohnungsbüros der Betriebe und Einrichtungen hingegen wieder neu mit wohnungssuchendem Personal belegen.

Wohnungsantrag

Der Wohnungsantrag war ein bürokratischer Akt, ein in sich durchgeregeltes Verwaltungsverfahren. Der Interessent musste beim zuständigen Wohnungsamt oder -büro vorstellig werden und einen Antrag auf Wohnraum einreichen. Eine Begründung des Bedarfes durfte nicht fehlen. Jeder Antrag wurde innerhalb von sechs Wochen auf seine Berechtigung hin geprüft. Dies erfolgte in der Regel durch die von den Wohnungsämtern gebildeten örtlichen Wohnungskommissionen. In diesen standen den Vertretern des Wohnungsamtes ausgewählte Bürger als sogenannte Aktivmitglieder beratend zur Seite. Ihre Funktion übten sie ehrenamtlich aus. Die Zuständigkeit einer Kommission beschränkte sich auf denjenigen Wohnbezirk, in denen die ehrenamtlich tätigen Mitglieder sowie der Antragsteller lebten. Arbeiterwohnungsgenossenschaften sowie Betriebe und Einrichtungen mit der Befugnis zur Wohnraumvergabe besaßen ebenfalls Kommissionen. Diese setzten sich aus Sachbearbeitern des jeweiligen betrieblichen oder institutionellen Wohnungsbüros, Gewerkschaftsvertretern (FDGB), Mitgliedern der Betriebsleitung, ehrenamtlichen Vertretern der Nationalen Front sowie ausgewählten Beschäftigten zusammen. Alle Entscheidungen hatten sie mit dem zuständigen kommunalen Wohnungsamt abzustimmen. Beispielsweise gab es im Jahr 1986 in rund 7.000 Betrieben und Einrichtungen eine Wohnungskommission.

In sogenannten Aktivsitzungen der Wohnungskommissionen wurde über die Annahme jedes Antrags entschieden. Den Sitzungen gingen Wohnungsbesichtigungen voraus, bei denen sich die Kommissionsmitglieder ein Bild von den Wohnbedingungen des Antragstellers verschafften und den realistischen Bedarf prüften. Die Prüfkriterien fußten auf zentralen gesetzlichen Bestimmungen sowie wohnungspolitischen Beschlüssen des zuständigen Bezirks-, Kreis- und Stadtrates. Die Entscheidungen der Räte orientierten sich an den jeweiligen territorialen und lokalen wirtschafts- und sozialpolitischen Zielstellungen der SED-Führung. Die so festgelegten Vergabegrundsätze galten verbindlich für alle Stellen mit einer Wohnraumlenkungsbefugnis.

Bei Annahme des Antrages bekam der Suchende eine schriftliche Benachrichtigung der Wohnungsabteilung. Darin wurde er über das weitere Vorgehen informiert. Gleichzeitig erfolgte dessen Aufnahme in die Wohnungssuchendenkartei. Entsprechend der Reihenfolge des Antragseinganges sowie der Dringlichkeit erhielt dieser eine Platzierung auf der Warteliste.

Anhand von drei »Dringlichkeitsstufen« entschieden die Wohnraumverantwortlichen darüber, ob man zu den »bevorrechtigten« Wohnraumempfängern zählte und nicht nur einen vorderen Platz auf der Warte-, sondern auch auf der Dringlichkeitsliste bekam. Die höchste Stufe bildeten soziale Härtefälle aufgrund fehlenden, maroden oder zu beengten Wohnraums unter kinderreichen Familien oder alleinstehenden Müttern. Familien mit drei oder mehr Kindern besaßen laut den zentralen Beschlüssen absoluten Vorrang. In den Leitlinien hieß es: »Diesen Familien ist bei der Bereitstellung von geeignetem Wohnraum größtmögliche Unterstützung zu gewähren. [...] Dabei sind die Bedürfnisse auf ausreichenden und qualitativ hochwertigen Wohnraum zu berücksichtigen.«

Für verheiratete oder unverheiratete Paare ohne Kinder war es praktisch unmöglich, zeitnah, innerhalb weniger Jahre, eine gemeinsame Wohnung zu bekommen. Verheiratete erhielten, mit wenig Aussicht auf Erfolg, noch einen der hintersten Plätze auf der Warteliste. Bei Unverheirateten wurde der Antrag in der Regel abgewiesen. Nicht wenige bekamen zu hören: »Kommen Sie wieder, wenn Sie verheiratet sind und Kinder haben«. In der Konsequenz begründete dies eine große Heiratsfreudigkeit unter jungen Erwachsenen.

Der Nachwuchs ließ oft nicht lange auf sich warten. Laut statistischem Jahrbuch der DDR heirateten rund 40 Prozent aller Bürger im Alter von 18 bis 20 Jahren. Für viele verheiratete Paare war es üblich, bis zur eigenen Wohnung über Jahre hinweg bei den Eltern oder Schwiegereltern zu leben.

Die zweite Stufe war bestimmt von volkswirtschaftlichen Erwägungen, wodurch vor allem Fachkräfte der Schlüsselindustrien Berücksichtigung fanden. Neben sozialen und wirtschaftlichen Komponenten waren auch ideologische entscheidend. Personen mit besonderen gesellschaftlichen Verdiensten, wie Bestarbeiter, ausgediente Angehörige der Nationalen Volksarmee (NVA), Parteiveteranen, Kämpfer gegen den Faschismus oder Verfolgte des Faschismus, sowie Funktionsträger in Partei, Verwaltung, Wirtschaft und Gesellschaft gehörten zur dritten.

Nicht jeder, der einen desolaten Bauzustand, beengten Wohnraum oder keine eigene Wohnung vorweisen konnte, galt als sozialer Härtefall. Bei der Zuordnung spielte der subjektive

Blickwinkel der Verantwortlichen eine wesentliche Rolle. Persönliche Erfahrungen und die Bewertung der örtlichen Wohnbedingungen entschieden über die Dringlichkeit. Gesellschaftliche, soziale und wirtschaftliche Erfordernisse fanden bei jeder Entscheidung Berücksichtigung. Trotz fester Richtlinien gab es immer einen gewissen Ermessensspielraum. Kurzfristige Entscheidungen zu Gunsten oder Ungunsten des Antragstellers waren stets möglich. Politisches Wohlverhalten, aktive Gewerkschaftsarbeit und ein hohes Ansehen des Antragstellers im Arbeitskollektiv wirkten sich positiv aus und konnten mit der Aussicht auf eine eigene Wohnung honoriert werden. Problematisch war hingegen ein »Mangel an sozialistischer Persönlichkeit«. Ein Anecken mit der Staats- und Parteiführung erwies sich als nachteilig. Von Vorteil war die »Zugehörigkeit zur Arbeiterklasse«, wobei der Personenkreis in der Praxis sehr weit gefasst wurde und sich nicht allein auf Produktionsarbeiter in Betrieben beschränkte. Der staatlich vorgegebene Vergabeschlüssel sah vor, dass insgesamt 60 Prozent der Wohnungen an Arbeiterfamilien, vor allem junge Familien und Schichtarbeiter, zu verteilen seien. Die SED hatte sich die »systematische Verbesserung der Wohnbedingungen der Arbeiterklasse« auf die Fahnen geschrieben. Um vor der Parteiführung zu glänzen, versuchten Produktionsbetriebe aufgrund ihres hohen Arbeiteranteils diesen Wert zu überbieten. Der VEB Carl Zeiss Jena wies sein Wohnungsbüro an, bis Mitte der 1970er-Jahre den Anteil auf 65 und danach auf 70 bis 75 Prozent zu steigern. Trotz der Durchsetzung und Kontrolle einheitlicher Vergabenormen waren der Quoteneinhaltung Grenzen gesetzt. Während Betriebe problemlos den Wert anziehen konnten, hatten Universitäten, wie z. B. die Karl-Marx-Universität Leipzig, Schwierigkeiten, überhaupt die zentral festgelegte 60-Prozent-Vorgabe zu erfüllen. Naturgemäß hoch war der »Intelligenzanteil« unter den Wohnungssuchenden. Auseinandersetzungen mit dem Rat der Stadt blieben deshalb nicht aus.

Im Prozess der Wohnungszuteilung fand jeweils zum Jahresende eine abschließende Aktivsitzung statt, auf der die

Wohnungskommissionsmitglieder endgültig über die Dringlichkeit jedes Antrages befanden und Vorschläge für eine in ihren Augen gerechte Verteilung unterbreiteten. Ob ein Wohnungssuchender die ersehnte Zuweisung bekam, hing vom persönlichen Urteil der Kommissionsmitglieder ab. Im Ergebnis der Aktivsitzung entstand unter Federführung der kommunalen, betrieblichen oder genossenschaftlichen Wohnungsabteilungen der offizielle Vergabeplan auf der Grundlage der zu erwartenden Wohnungszu- sowie Wohnungsabgänge.

AWGs sowie Betrieben und Einrichtungen mit einer Wohnraumlenkungsbefugnis wurden durch den Rat des Bezirkes jährlich Kontingente aus Neu- und Altbauwohnungen zugeteilt. Für die Zuführung der Wohneinheiten an die neuen Träger waren die Räte der Städte zuständig. Deren Zustimmung bedurften auch die Wohnraumvergabepläne. Ferner mussten diese den SED-Leitungen vorgelegt werden. Genauso wie im Staatsapparat besaß der Parteiapparat auf Stadt-, Kreis- und Bezirksebene Fachabteilungen für Wohnungspolitik, welche die Vergabe beeinflussten und hinsichtlich der Einhaltung aller Normen überwachten.

Auf den Vergabeplänen waren alle Wohnungssuchenden namentlich aufgelistet. Bei den Räten der Städte und Gemeinden, an den Universitäten oder in Betrieben wurden die Listen öffentlich ausgehängt. Sie boten stets aufs Neue Anlass für Kritik und Auseinandersetzungen. Kaum ein Vergabeplan war nicht umstritten. Einen Klageweg gegen dieses Verfahren gab es nicht.

Häufiger Streitpunkt war die Einhaltung der »Belegungsnormative« entsprechend der Haushaltsgröße. Vor allem Familien mit zwei Kindern spekulierten darauf, für jedes Kind ein eigenes Zimmer zu bekommen. Aber als Maximallösung war eine Drei-Raum-Wohnung mit einem kleinen Kinderzimmer vorgesehen:

- 1-Personenhaushalt › 1-Raum-Wohnung
- 2- bis 3-Personenhaushalte › 2-Raum-Wohnung
- 3- bis 4-Personenhaushalte › 2- und 3-Raum-Wohnung

- 4- bis 5-Personenhaushalte › 3- und 4-Raum-Wohnung
- größere Haushalte › 4-Raum-Wohnung und größer.

Die Wohnungsvergabe nach Plan erwies sich in der Praxis nicht ganz so starr wie zuvor beschrieben. Durch den kontinuierlichen Zu- und Abgang von Wohnungen und Anträgen war die Wohnraumlenkung ein komplexer, vielschichtiger und bewegungsreicher Prozess. Plötzlich konnte Wohnraum frei werden, weshalb Vergaben auch außerhalb des festgelegten Planes möglich waren. Ohnehin wurden nie alle freien Wohnungen bei der Festlegung offizieller Vergabepläne herangezogen. Ämter sowie Betriebe hielten rund 20 bis 30 Prozent ihrer freien Wohnungen aus dem eigenen Bestand sowie aus den staatlich festgelegten Wohnungskontingenten als Reserve bzw. Sonderfonds zurück. Diese Wohneinheiten dienten flexiblen, schnellen Lösungen bei einem unvorhergesehenen Bedarf. Kurzfristige Änderungen im Wohnungsneubau nach unten oder oben konnten ebenfalls den Vergabeplan durcheinander rütteln.

Einfluss auf die Vergabe besaßen neben der Platzierung auf der Vergabeliste auch die örtlichen Bedingungen. Hier ist zwischen Groß- und Kleinstadt sowie Industrieregion und ländlichem Gebiet zu differenzieren. Der industrielle Wohnungsbau erfolgte vor allem in Mittel- und Kleinstädten nicht wie in den Großsiedlungen Berlin-Marzahn, Halle-Neustadt oder Leipzig-Grünau kontinuierlich über Jahre hinweg. Kurzfristige Bauphasen mit einem raschen Zuwachs an Wohnraum wurden abgelöst von jahrelangen Durststrecken, in denen keine oder nur wenige Neubauwohnungen hinzukamen. Zusätzlicher Wohnraum ließ sich fast ausschließlich über den Um- und Ausbau sowie den Eigenheimbau gewinnen. Diese Einschränkungen bereiteten lokalen Staats- und Parteifunktionären stets Kopfzerbrechen.

»Warten und wieder warten!«

Nicht jeder gehörte zu den Bevorrechtigten, hatte das Glück oder die erforderliche politische Gesinnung, um die gewünschte Wohnung von den Behörden in kurzer Zeit zugeteilt zu bekommen. Für die meisten hieß es: »Warten!«. Die durchschnittliche Wartezeit betrug in den 1980er-Jahren fünf bis sechs Jahre. Im besten Fall erhielt man schon nach wenigen Wochen die Zusage und im schlimmsten Fall nach zehn Jahren. Eine hartnäckige Jungfamilie mit beengtem, eigenem Wohnraum und Nachwuchs bekam zumeist innerhalb von zwei bis drei Jahren eine Altbauwohnung und innerhalb von drei bis vier Jahren eine Neubauwohnung. Wem das Warten zu lang war oder die nötige Geduld fehlte, der machte Druck, und das erst einmal vor Ort im Wohnungsamt oder -büro. Die meisten DDR-Bürger teilten die Erfahrung, vom zuständigen Sachbearbeiter immer wieder aufs Neue vertröstet und hingehalten zu werden. Gefühlt schien das Amt Vorgänge bewusst zu verschleppen. In der Konsequenz musste man sich eine Strategie überlegen und große Beharrlichkeit entwickeln. Das bedeutete: stetes Vorsprechen auf dem Wohnungsamt zur Bürgersprechstunde, am besten alle 14 Tage, um die Forderung zu wiederholen und mit Nachdruck zu bekräftigen. Damit verbunden war die konkrete Hoffnung, auf der Warteliste aufzusteigen oder gar einen begehrten Platz auf der Dringlichkeitsliste zu erlangen.

Beim Vorsprechen mussten die Antragsteller Verhandlungsgeschick beweisen und Überzeugungsarbeit leisten. Sehr ausführlich und in drastischen Worten galt es, die persönliche Notlage, die Unzumutbarkeit der bestehenden Wohnsituation zu schildern. Sich Übertreibungen zu bedienen, erschien ebenfalls sehr hilfreich. Schließlich befand man sich in einem harten Konkurrenzkampf. Ein solches Vorgehen führte aber nicht zwingend zu einem schnellen Erfolg. Die zu erfüllenden Kriterien für eine Verbesserung der Wohnsituation waren hoch. Keinesfalls alle Wohnraumverantwortlichen schenkten der beschriebenen Dramatik und Unerträglichkeit vollen Glauben.

Verbreitet war die Mentalität, dass der DDR-Bürger weiterhin noch Einschränkungen zu akzeptieren habe. Anträge erhielten schnell eine Ablehnung oder eine weit hinten angesiedelte Platzierung auf der Warteliste, wenn die Notlagen weder plausibel noch nachweisbar dokumentiert waren.

Für die betroffenen Bürger blieb die Vergabepraxis intransparent, unberechenbar und oft nicht nachvollziehbar. Mancher fühlte sich dem Gutdünken des Sachbearbeiters ausgeliefert. Jederzeit konnte man auf der Vergabe- und Dringlichkeitsliste raufklettern, aber auch wieder im Rang zurückfallen. Das war besonders dann der Fall, wenn plötzlich Wohnungen für einen Betrieb oder für wichtige Kader bereitgestellt werden mussten. Erfolgte eine Rückstufung in der Vergabeliste oder wurde die Wohnungszusage des Amtes plötzlich widerrufen, waren die Verantwortlichen für Wohnungswesen oftmals Diffamierungen ausgesetzt. Zumeist handelte es sich um Korruptionsvorwürfe. Staatliche, gewerkschaftliche und parteiliche Stellen wurden in Beschwerden und Eingaben verärgerter Bürger damit konfrontiert.

Je länger ein Vorgang dauerte und je mehr sich die Wohnbedingungen mit der Zeit verschlechtern, desto rauer wurde der Umgangston. Frustration konnte in Aggression umschlagen. In einigen Fällen entlud sich die angestaute Wut. Mitarbeiter von Wohnungsämtern fühlten sich als Prellbock. Verbale und körperliche Drohungen oder Attacken erboster Antragsteller blieben nicht aus. Die Verantwortlichen standen jedoch oft genug vor einer schwierigen, mitunter unlösbaren Aufgabe. Angesichts beschränkter Möglichkeiten konnten sie weder die Wohnraumwünsche der Bürger noch die zentralen wohnungspolitischen Vorgaben vollständig erfüllen. Der Druck von »unten« und »oben« überforderte. Von Resignation, Verzweiflung und Angst berichten heute mehrere ehemalige Angestellte von Wohnungsämtern und -büros. Die hohe Personalfluktuation in den Wohnungsabteilungen bereitete den Räten der Städte sowie Betriebsleitungen Sorge.

Beziehungen

Nicht selten unterstellten die Wohnungssuchenden den Wohnungsämtern Ignoranz, ein »Sich-Quer-Stellen« und »persönliche Machtspielchen«. Der Vorwurf der Cliquen- und Vetternwirtschaft sowie Bestechlichkeit stand im Raum und wurde allerorts geäußert. In staatlichen, parteilichen oder betrieblichen Akten zum Wohnungswesen finden sich nur wenige konkrete Vorfälle. Und wenn Hinweise für Käuflichkeit oder Bevorzugung dokumentiert sind, dann eher versteckt. Aber es gab sie, denn der langwierige »offizielle Weg« ließ sich – wenn man den richtigen Fürsprecher hatte – über Beziehungen abkürzen. Gute Kontakte zu Funktionsträgern in Betrieben, der Verwaltung sowie bei der SED aufzubauen und zu nutzen, konnte den Aufstieg auf der Warteliste beschleunigen. In wenigen Fällen gab es die neue Wohnung unter der Hand. Vergabelisten und Kommissionen wurden dabei gezielt umgangen. Fehlten persönliche Kontakte, leisteten das auch DM-Zahlungen oder andere Zuwendungen. Gängige Praxis schienen Bestechungen aber nicht gewesen zu sein.

Bittgesuch

Sich mit mündlichen oder schriftlichen Bittgesuchen an den Stadtrat, Bürgermeister oder die Werksleitung als die nächsthöhere Instanz nach dem Wohnungsamt bzw. -büro zu wenden, war ebenfalls ein probates Mittel. Bei abschlägigen oder unzureichenden Antworten hinsichtlich des Wohnungswunsches arbeitete man sich über den Rat des Kreises bis hin zum Bezirksrat hoch. Gleiches galt auch für die Parteischiene. Zu den Adressaten zählten neben den Parteisekretären der Betriebsparteiorganisationen insbesondere die 1. oder 2. Sekretäre der Stadtbezirks-, Stadt-, Kreis- und Bezirksleitungen. Um Unmut oder konkrete Forderungen kundzutun, nutzte man die von der SED abgehaltenen Einwohnerforen in den Städten und Gemeinden. Wohnungsanliegen kamen dort wie auch zu den wöchentlichen Sprechstunden von Parteisekretären, Gewerkschaftsvertretern, Werksleitungen oder Bürgermeistern zur Sprache.

Unter ausführlicher Begründung des Bedarfs sollten die Entscheidungsträger zum Handeln bewegt werden. Bittsteller machten sich die offizielle Argumentation der Staats- und Parteiführung zur Wohnungspolitik und zu den Vergabegrundsätzen zu eigen. Befürwortungen eines Vorgesetzten, Gewerkschaftsvertreters oder eines Parteisekretärs duften bei schriftlichen Bitten nicht fehlen. Die sozialen, gesellschaftlichen und wirtschaftlichen Vorteile einer Lösung des konkreten Wohnungsproblems galt es darin hervorzuheben. Eine positive Beurteilung war ebenfalls vorteilhaft. Gesellschaftliches Engagement in Gewerkschaften oder anderen Massenorganisationen sowie die Bescheinigung einer hohen Arbeitsbereitschaft im Kollektiv mit Verweis auf Auszeichnungen, wie das »Banner der Arbeit« oder als »Aktivist«, besaßen Zugkraft.

Schalteten sich übergeordnete Instanzen in einen Vorgang ein, mussten die Ämter und Kommissionen erneut prüfen. Dies war in der Regel mit weiteren Wohnraumbegehungen verbunden. Gleichzeitig bemühten sich die Verantwortlichen, angespannte Situationen zu entschärfen. Derartige Maßnahmen umfassten keinesfalls nur das Vertrösten und die Abgabe einer wagen Zusicherung, sondern konkrete Hilfestellungen als Möglichkeit zur Überbrückung von Schwierigkeiten bis zur endgültigen Wohnungszuweisung. Bei beengten Wohnverhältnissen unterbreiteten Kommissionsmitglieder beispielsweise Vorschläge zur effektiveren Nutzung des Wohnraumes. Bei baulichen Defiziten gaben sie Anleitungen für Reparaturen in Eigenregie oder Angebote für Baumaßnahmen durch den Betrieb, in dem der Wohnungssuchende tätig war.

Eingabe

Wer das lange Warten leid war und bei wem alles Versprechen und Anmahnen nichts half, dem blieb nur noch die Eingabe. Die Eingabe war das wirksamste Mittel zur Durchsetzung eigener Wohnrauminteressen, zur Aufdeckung von Missständen und zur Bewältigung von Auseinandersetzungen mit den Wohnraumverantwortlichen. Das Eingaberecht war gesetzlich garantiert und wurde im Laufe der Zeit stark normiert. Mit Eingaben ließen sich anders als in den meisten Bereichen der DDR-Gesellschaft Kritik und Wünsche äußern, ohne dabei Repressalien der Staatsmacht zu befürchten. Jede Ahndung war per Gesetz verboten. Vielmehr musste nach einer Frist von vier Wochen eine schriftliche Antwort vorliegen.

Bis zur Friedlichen Revolution bildeten Wohnraumangelegenheiten landesweit mit einem Anteil von ca. 40 bis 60 Prozent den Eingabeschwerpunkt und spiegeln somit die größte Alltagssorge der Menschen wider. Hunderttausende Wohnungssuchende bedienten sich der Eingabe, denn die Verfahrensweise war einfach. In der Regel schriftlich und unter Umständen auch mündlich konnte man formlos und ohne Einhaltung bestimmter Instanzen sich an jedes Staats- und Parteiorgan, jeden Volksvertreter sowie an Gewerkschaften und Massenorganisationen, Betriebe, Einrichtungen und sozialistische Genossenschaften wenden. Der persönliche Erfahrungsschatz im Umgang mit parteilichen, staatlichen oder betrieblichen Stellen bei der Wohnungssuche, die gesellschaftliche und politische Position, berufliche bzw. persönliche Beziehungen sowie die Eigenwahrnehmung über die Dringlichkeit des Wohnungsproblems bestimmten die Wahl des Adressaten.

Üblich war es, die Eingaben zuerst an die den Wohnungsämtern direkt übergeordneten Funktionäre bzw. Entscheidungsträger zu richten. Innerhalb von Betrieben rangierten die Werks- bzw. Kombinatsleitungen sowie Parteisekretäre als Eingabeempfänger an erster Stelle. Auf kommunaler Ebene waren es die Bürger- bzw. Oberbürgermeister. In größeren

Betrieben sowie bei den Räten der Städte konnte man zu festen Sprechzeiten dem Betriebsleiter oder Bürgermeister sein Anliegen persönlich vortragen. Der Gesprächsinhalt wurde schriftlich fixiert und galt damit als Eingabe. Konnte das Problem nicht zur Zufriedenheit gelöst werden, wählte man die nächsthöhere Hierarchieebene. Wer dies umgehen wollte, richtet seine Eingabe an den Ministerrat oder direkt an den Staatsratsvorsitzenden Erich Honecker. Die Erfahrung zeigte, dass die höchste Instanz den größten Erfolg versprach, um Wünsche zu äußern oder Protest gegen die Arbeit staatlicher Wohnraumlenker einzulegen. Honeckers Büro sowie die Eingabestellen beim Staats- und Ministerrat erreichten jährlich Zehntausende Wohnraumeingaben.

Die Reaktionen des Staats- und Ministerrats empfanden die meisten DDR-Bürger als ernüchternd. Statt konkreter Zusagen blieben die Antworten unverbindlich und informierten darüber, dass die Eingabe zur Prüfung an die staatliche oder parteiliche Abteilung für Wohnungswesen auf Bezirks-, Kreis- oder Stadtebene übergeben wurde. Diese Stellen entschieden über das weitere Vorgehen. In der Regel wurden die Eingabesteller zu Aussprachen geladen und im besten Fall veranlassten die Ämter zeitnah eine Wohnungszuweisung. Inwieweit das Anliegen tatsächlich Berücksichtigung fand, war von gesellschaftlichen, politischen und wirtschaftlichen Faktoren abhängig. Nicht minder wichtig war die Intensität des von »oben« aufgebauten Lösungsdrucks der übergeordneten Staats- und Parteiorgane auf die Wohnraumlenker vor Ort.

Ein angemessener Ton und die Wahl der richtigen Schlagwörter in der Eingabe besaßen oft eine entscheidende Wirkung. Barsche system- und regimekritische Gedanken waren hingegen tabu. Zumeist bediente man sich der sozial- und wohnungspolitischen Schlagwörter der Partei- und Staatsführung, um der Forderung Nachdruck zu verleihen. Der Verweis auf das in der Verfassung verbriefte Recht auf Wohnraum sowie auf wohnungs- bzw. sozialpolitische Beschlüsse der Parteiführung durften ebenso nicht fehlen wie die subversive Frage und das damit einhergehende Unverständnis, warum es trotz der verkündeten Fortschritte im Wohnungsbau keine Wohnungen gäbe. Schließlich traf man hier einen wunden Punkt der SED-Sozialpolitik, der sich nicht einfach leugnen ließ.

Die Beschreibung der persönlichen Notlage erfolgte nicht selten sehr eindringlich und etwas überspitzt. Probleme und Frustration wurden mitunter überbetont, da der Eingabe meist eine langwierige Wohnungssuche, perspektivlose Auskünfte durch das Wohnungsamt und schwierige Auseinandersetzungen mit den dortigen Sachbearbeitern vorausgegangen waren. Oft bestanden bürokratische Hemmnisse. Subjektive Erfahrungen, wie eine ungerechte Behandlung, spielten eine wesentliche Rolle. Aber trotz mancher Übertreibung zeigten Eingaben in der Regel akute, reale Missstände auf. In ihnen spiegelten sich persönliche und familiäre Dramen wider. Zu beengter Wohnraum führte oft zu Reibereien innerhalb einer Familie. Auch die räumliche Trennung von Ehepaaren ohne eigene Wohnung belastete massiv Beziehungen. Nicht minder schwer wirkten bauliche Mängel oder defekte Heizgeräte auf das Wohlbefinden und den Lebensalltag. Die Schilderung gesundheitlicher Probleme aufgrund baulicher Defizite bewirkte in der Regel ein rascheres Handeln der Verantwortlichen. Waren Kinder betroffen, reagierte die Partei überaus sensibel. Entsprachen die Angaben der Realität, war, wenn es die örtlichen Gegebenheiten hergaben, im Einzelfall eine Lösung von »ganz oben« möglich. In diesen besonderen Härtefällen griffen die Verantwortlichen zumeist auf ihre Wohnraumreserven zurück. Dennoch konnte nicht allen geholfen werden. Wohnungsnotfälle von Familien mit kranken Kindern aufgrund schlechter Wohnsubstanz stellten bis 1990 ein Dauerproblem dar.

Einen weitaus empfindlicheren Nerv traf die Androhung der Wahlverweigerung in der Wohnraumeingabe. Es gehörte zum verbreiteten Alltagswissen, dass diese im Vorfeld von Volkskammer- oder Kommunalwahlen eine enorme Wirkungskraft besaß. Blieben trotz des Pochens auf das verfassungsmäßige Recht und wiederholter Eingaben die Wohnwünsche unerfüllt, griffen Bürger zu diesem vorletzten Druckmittel, welches gewisse Konsequenzen nach sich zog. Die SED-Führung reagierte äußerst sensibel auf jede Wahlverweigerung, sah man doch darin den Keim gesellschaftlicher Destabilisierung. Angesichts weitreichender wohnungs- und sozialpolitischer Versprechen bestand bei der SED eine ausgeprägte Angst vor einem Legitimitäts- und Herrschaftsverlust. Grundsätzlich hielt die SED ein Wohnungsproblem für keinen ausreichenden Grund, nicht zur Wahl zu gehen. Auf kommunaler Ebene wertete man die Drohung zuallererst als einen Erpressungsversuch, dem die Partei- und Staatsorgane nicht kampflos nachzugeben gedachten. Staatliche Leiter und ganz besonders Parteisekretäre führten wiederholt und sehr beherzt Aussprachen mit dem Eingabesteller an dessen Arbeitsstelle durch, um ihn von seinem Ansinnen abzubringen und von der Lösung seines Wohnungsproblems in naher Zukunft zu überzeugen. Hielt der Betroffene dem Druck stand, wurde bei einem begründeten Wohnraumbedarf die Forderung nicht selten plötzlich und unbürokratisch im Sinne des Eingabestellers aus speziell für die Wahlperiode angelegten Sonderfonds bzw. Reserven erfüllt. Die SED glaubte damit, ihr Versprechen gegenüber dem Bürger gehalten zu haben. Im Gegenzug erwartete sie von ihm, aus Dankbarkeit und Loyalität, bei Wahlen legitimiert zu werden. DDR-Bürger sammelten hierbei die Erfahrung, dass vor Wahlen plötzlich Wohnungen verfügbar waren, die es nach den Aussagen des Wohnungsamtes wenige Wochen zuvor nicht gegeben hatte.

Half die Wahlverweigerung nichts oder standen keine Wahlen bevor, griffen viele Bürger zum äußersten Mittel, dem Ausreiseantrag. Seit den 1980er-Jahren vermehrten sich parallel zu den Erfolgsmeldungen im Wohnungsneubau speziell Wohnraumeingaben mit einer Übersiedlungsabsicht in die Bundesrepublik. Allein die Androhung eines Ausreiseantrags war für die SED ein Alarmsignal, denn der Bürger kündigte aufgrund seines akuten Wohnungsproblems offen »den Bruch mit der DDR« an. Eine ganze Maschinerie wurden in Gang gesetzt, damit die Absichtserklärung aufgegeben oder ein schon gestellter Antrag zurückgenommen wurde. Parteiagitatoren begannen intensiv und energisch auf die Eingabesteller zuhause und an der Arbeitsstelle einzuwirken. Dabei nutzten sie Informationen über deren Lebensumstände, die das persönliche Umfeld preisgab bzw. das Ministerium für Staatssicherheit sammelte. Aber wer mit der Ausreise drohte, besaß kein Vertrauen mehr in Partei und Staat. Dementsprechend rau war der Umgangston, wie zahlreiche Parteifunktionäre berichteten. Obwohl die beabsichtigte Übersiedlung offensichtlich als Druckmittel zur Herbeiführung einer Lösung des Wohnungsproblems diente, war die Partei in der Regel an einer raschen Entschärfung des Konfliktes interessiert. Bestand jedoch keine zeitnahe Aussicht auf eine Wohnung, beharrten Bürger in neuerlichen Eingaben energisch auf ihren Forderungen und bekräftigten ihren Ausreisewunsch.

Parteieintritt

Drohte mancher in seiner Eingabe, mit Partei und Staat zu brechen, setzten andere hingegen auf den Parteieintritt, um auf diese Weise schneller an eine Wohnung zu gelangen. Es war ein offenes Geheimnis, dass SED-Mitglieder nicht nur größere Chancen auf eine Zuteilung besaßen, sondern auch qualitativ hochwertigere Wohnungen angeboten bekamen. Annehmlichkeiten wie ein besserer Wohnungsschnitt, der Blick ins Grüne sowie kürzere Wege zu Aufzügen und Versorgungseinrichtungen oder zur S-Bahnstation blieben in der Regel SED-Mitgliedern vorbehalten.

In der Realität wagten aber nur wenige allein wegen einer Wohnung diesen Schritt. Groß erschienen die persönlichen Opfer und Kompromisse. Zur Enttäuschung vieler führte der Parteieintritt nicht zwangsläufig sofort zum neuen Wohnungsschlüssel. Während einer zweijährigen Kandidatenzeit musste man sich bewähren, regelmäßig an Mitgliederversammlungen teilnehmen und die monatlichen Mitgliedsbeiträge begleichen. Kandidaten resignierten oder scheiterten schon daran, über Jahre hinweg Interesse vorzutäuschen und am Parteileben teilzunehmen. Inaktive wurden aus den Reihen der Partei entfernt. Und wer zu sehr seine Absicht durchblicken ließ, konnte mit Disziplinarmaßnahmen rechnen. Ein Querstellen oder gar ein Konflikt mit der SED als unmittelbare Folge wirkten nachteilig auf jede erhoffte wohnraummäßige Verbesserung.

Wohnungsangebot und -zuweisung

Rückte der Bewerber in der Vergabeliste nach vorn, erhielt er innerhalb eines Jahres im besten Fall bis zu drei Wohnungsangebote. Nach der Besichtigung musste er binnen einer Woche seine Wahl treffen. Die Wohnungsämter und -büros versuchten angesichts langer Wartelisten nicht immer sofort eine Neubauwohnung in Aussicht zu stellen. Entsprechend den örtlichen Bedingungen und der Dringlichkeit erhielten Antragsteller zuerst eine als »zumutbar« eingestufte Altbauwohnung als Angebot oder eine sogenannte Ausbauwohnung. Bei Letzterer handelte es sich um eine marode Altbauwohnung, die man selbst renovieren musste. Wer sich mit den dortigen Bedingungen nicht einverstanden erklärte, konkrete Vorstellungen besaß oder gar auf eine Neubauwohnung spekulierte, lehnte konsequent ab. Bei Nichtgefallen mussten alle Gründe auf einer Wohnungsbesichtigungskarte vermerkt werden.

Die Wohnungsämter registrierten seit den 1970er-Jahren zunehmend hohe Ansprüche an die Ausstattung, Größe und Lage einer Wohnung. Über Forderungen nach einer »Wunschwohnung« empörten sich wiederholt Wohnraumverantwortliche in ihren Rechtfertigungsberichten. Gegensätzliche Vorstellungen über die Zumutbarkeit oder Unzumutbarkeit einer Wohnung blieben ein Konfliktfeld. Bis zur Lösung eines Wohnungsproblems bestand oft viel Diskussionsbedarf. Mitglieder von Wohnungskommissionen wurden abgestellt, um mit hartnäckigen und in ihren Augen uneinsichtigen Antragstellern Aussprachen zu führen.

Fanden Wohnraumlenker und Antragsteller einen Konsens oder wurde gar die erhoffte Neubauwohnung zugesagt, ging das Wohnungsproblem als »gelöst« in die offizielle Statistik ein. Die Aushändigung der Wohnungszuteilung erfolgte je nach Motivation des zuständigen Sachbearbeiters der Wohnungsabteilung in einem feierlichen Akt. Der Bürger sollte die Wohnung bewusst als eine Sozial- und Fürsorgeleistung des Staates empfinden, die ihn im Gegenzug zu Staatstreue und Leistungsbereitschaft verpflichtete.

Wohnungstausch

Bei einer notwendigen Wohnungsvergrößerung oder -verkleinerung, beispielsweise durch die Geburt eines Kindes oder den Auszug des erwachsenen Kindes, eine Trennung oder bei einem berufsbedingten Ortswechsel, nutzten zahlreiche DDR-Bürger die Möglichkeit des Wohnungstausches. Entweder fanden sich die potenziellen Tauschpartner über Zeitungsannoncen bzw. Suchanzeigen selbst zusammen oder baten Wohnungsämter und AWGs um Unterstützung. Mit einem Tauschanliegen stieß man in der Regel auf offene Ohren. Stadtverwaltungen, große Betriebe und Einrichtungen sowie Wohnungsbaugenossenschaften unterhielten Tauschzentralen, über welche sich die Interessenten rekrutierten. In Kreisstädten lagen pro Jahr im Schnitt 200 Tauschanträge vor.

Seit dem VIII. Parteitag wurden die Wohnraumverantwortlichen verstärkt dazu angehalten, aktiv Wohnungstausche zu fördern. Ende der 1980er-Jahre hieß es in zahlreichen Beschlüssen: »Der Wohnungstausch ist als Hauptform zur Lösung von Wohnraumproblemen zu entwickeln.« Der Tausch sollte in erster Linie zu einer effektiveren Auslastung der Fonds beitragen. Auf diese Weise konnte beispielsweise unterbelegter Wohnraum als ungenutztes Potential abgebaut werden. Auch ließen sich dringende Wohnungsprobleme unter Verwendung vorhandener Kapazitäten beheben. Das war zwingend notwendig, denn vielerorts erfolgte der Wohnungsneubau mit größeren zeitlichen Abständen.

Bereitwillige Tauschinteressenten für eine größere Wohnung fanden sich oft schnell, für eine kleinere hingegen eher zögerlich. Wohnungskommissionen suchten adäquate Partner. In Gesprächen sollten diese von einer kleineren Wohnlösung überzeugt werden. Umzugs- und Renovierungshilfen erleichterten den Entschluss zur räumlichen Reduktion. Bei der AWG Erfurt konnten allein im Jahr 1976 gut 111 und 1988 sogar 205 Tausche vollzogen werden. An der Universität Jena ließen sich in den 1970er-Jahren durch Tauschaktionen rund 20 Wohnraumfälle jährlich beheben.

Beim Tausch wechselten keinesfalls immer nur zwei Wohnungen den Mieter. Meist waren vier oder fünf wechselwillige Mietparteien beteiligt. In schwierigen Fällen sogar 10 oder mehr. Deren Wohnwünsche wurden im sogenannten Ringtausch erfüllt. Das komplexe Verfahren war aufwendig, langwierig und konnte sich über die gesamte Republik erstrecken. Bei einem überörtlichen Wohnungswechsel blieb der Tausch die aussichtsreichste Lösungsvariante, wenn der Betrieb nicht mit einer freien Wohnung helfen konnte.

Jeder Tauschantrag bedurfte einer Prüfung und Genehmigung durch die zuständigen Wohnraumlenkungsbehörden. Zusätzlich war die Zustimmung des Vermieters notwendig, wenn es sich um eine AWG handelte. Der zu tauschende Wohnraum musste den örtlichen Vergabekriterien entsprechen. Gab es Bedenken hinsichtlich der Qualität und Gleichwertigkeit, konnte das alle Bemühungen der Wohnparteien zunichtemachen. Generell missbilligt wurde der Tausch einer Neubauwohnung gegen eine unsanierte Altbauwohnung aus unterschiedlichen Wohnungsfonds.

Do it yourself

Der Einfallsreichtum, das Finden praktischer Lösungen und das Selbermachen in jeglichen handwerklichen Bereichen waren in der DDR-Gesellschaft tief verwurzelt. Der Staat versuchte, sich dieser Talente zu bedienen und die Bürger zur eigenständigen Lösung ihrer Wohnprobleme zu mobilisieren. Auf diese Weise sollte das staatliche Wohnungswesen entlastet werden.

Instandsetzung, Modernisierung und Ausbauwohnung

Das Wohnen im Altbau hatte in der öffentlichen Wahrnehmung gelitten. Angesichts eines oftmals unzureichenden Komforts weckte es bei den wenigsten positive Gefühle. Im Zuge der neuen wohnungspolitischen Zielstellungen versuchte deshalb der Staat, die Altbauwohnung wieder salonfähig und einer breiten Masse schmackhaft zu machen. Ratgeber wie zum Beispiel die Zeitschriften »Wohnen im Altbau«, »Kultur im Heim« mit dem Sonderheft »Wohnideen für den Altbau« oder »Guter Rat« mit ihrem Sonderheft »Mach was aus Deiner Altbauwohnung« lobten seit Anfang der 1970er-Jahre die Vorteile und das Potenzial des Altbaus. Ausführlich und hübsch bebildert gaben sie ebenso wie spezielle Fachbücher Anleitungen für materialsparende Baukonstruktionen und hilfreiche Tipps zur Gestaltung eines gemütlichen Refugiums. Präsentiert wurde dem Leser ein helles, sauberes und modernes Heim, das einer Neubauwohnung ebenbürtig sei. Die Ratgeber ermutigten dazu, die eigenen Wohnvorstellungen kreativ und selbstbestimmt im Altbau zu verwirklichen.

Adressiert waren die Ratgeber unter anderem an Altbaubewohner, die keine Perspektive auf eine neue Wohnung besaßen und keine andere Wahl hatten, als zu bleiben. Andere wollten hingegen bleiben. Der Umzug in eine Neubauwohnung und das Leben in der Großsiedlung waren keinesfalls für jeden erstrebenswert. Mancher schätzte das vertraute Wohnumfeld, nur verbunden mit dem Wunsch nach mehr Annehmlichkeiten und weniger Baumängeln. Reparaturen und Modernisierungen durch den Staat oder den privaten Eigentümer erwiesen sich oft als aussichtslos oder harte Geduldsprobe. Ohne Parteimitgliedschaft konnten bis zum Einsatz einer Baubrigade der personell unterbesetzten und materiell mäßig ausgestatteten Betriebe der Kommunalen Wohnungsverwaltungen im Schnitt bis zu zwei Jahre vergehen. Private Mietshauseigentümer erhielten seitens des Staates keine oder nur geringe Unterstützung bei der Erhaltung ihrer Objekte. Zahlreiche Mieter kommunaler und privater Wohnungen besaßen keine andere Wahl, als die Instandsetzung bzw. Modernisierung in Eigenregie und zum Teil auf eigene Kosten zu übernehmen. Noch schwerer als Wohnungsmieter hatten es Eigenheimbesitzer. Handwerkliche oder materielle Beihilfen waren für sie nicht vorgesehen. Alle Auslagen mussten sie selbst tragen. Ihr Anteil bei Ein- und Zweifamilienhäusern lag 1989 bei 84,4 Prozent. Rund 60 Prozent der Bausubstanz stammte aus der Zeit vor 1945 und besaß somit einen hohen Sanierungsbedarf.

War ein Wohnungswechsel dringend nötig, konnte der Altbau, wie in den Ratgebern beschrieben, dennoch eine gute Alternative zur Neubauwohnung sein. Vertröstete Wohnungssuchende wurden oft selbst aktiv. Gezielt suchten sie nach leerstehenden, heruntergewirtschafteten Wohnungen, wie der folgende Bericht zeigt: »Wir liefen durch die Straßen Leipzigs und hielten Ausschau. Fand man was Passendes, mussten Hausnachbarn nach dem Eigentümer befragt werden. Man notierte sich Straße und Hausnummer und ging damit zum Wohnungsamt in der Hoffnung, dass einem die Wohnung als Ausbauwohnung zugeteilt wird.«

Bei einer Ausbauwohnung handelte es sich um eine leerstehende Altbauwohnung, die aufgrund eines maroden baulichen Zustandes und fehlender Komfortausstattung unvermietbar war. Der offizielle Weg zur Ausbauwohnung verlief über das Wohnungsamt. Von sich aus oder bei eigener

Interessensbekundung des Wohnungssuchenden boten die Ämter gezielt derartige Wohnungen als günstige und schnelle Alternative an. Die Wartezeiten waren relativ kurz und bürokratische Hürden bestanden nur wenige. Der Interessent schloss einen Ausbauvertrag mit der KWV bzw. VEB Gebäudewirtschaft sowie dem Wohnungsamt. Darin verpflichtete sich der zukünftige Mieter, die Wohnung selbst zu sanieren. Das entlastete zum einen die Baureparaturbetriebe, die keinesfalls in der Lage waren, alle maroden Altbauwohnungen in einen vermietbaren Zustand zu versetzen. Zum anderen sparten sich die Städte und Gemeinden gegebenenfalls den teuren Hausabriss und konnten durch die Vergabe einer Ausbauwohnung die Statistik aufbessern sowie Anträge zügig abarbeiten. Genauso wie Neubauwohnungen wurden Ausbauwohnungen seit den 1970er-Jahren als feste Größe im jährlichen Wirtschaftsplan bilanziert. Aber trotz der Menge an baufälligen Wohnungen besaßen nur etwa 30 Prozent das Potenzial zur Ausbauwohnung, und das nur solange sie sich in einem Schwebezustand zwischen Komplettverfall und gerade noch zu retten befanden.

Ausbauwohnungen waren attraktiv für junge Paare, die getrennt bei den Eltern lebten, keine Chance auf eine Neubauwohnung besaßen und sich gemeinsam ein Heim schaffen wollten. Das galt ebenso für Familien, die vor längeren Wartezeiten standen, bei denen aber der Druck nach Veränderung aufgrund baulicher oder räumlicher Probleme groß war. Mit der Ausbauwohnung eröffnete sich diesem Personenkreis eine echte Alternative. Dort konnten sie sich nach den eigenen Vorstellungen und mit Blick auf die Familienplanung entfalten. Der großzügig gewährte Freiraum in der Gestaltung bot im Gegensatz zur Neubauwohnung viele Vorteile zur Verwirklichung eigener Ideen. Das lockte enthusiastische, handwerklich begabte Bürger. Sogar bei den Wohnungsgrößen gab es je nach Verfügbarkeit Spielraum nach oben. Mit kleineren Neubauwohnungen musste man sich nicht unbedingt abfinden.

Eigenverantwortliche Instandsetzungen bzw. Modernisierungen sowie die Übernahme einer kommunalen

Ausbauwohnung blieben in erster Linie eine rein praktische Selbsthilfe. In der Praxis war das eine Frage der persönlichen Ansprüche, der eigenen handwerklichen Fähigkeiten, der finanziellen Mittel sowie der richtigen Organisation. Das betraf zuallererst die Mobilisierung von Familienmitgliedern, Freunden, Bekannten, Nachbarn oder Kollegen für die manuellen Arbeiten. Schließlich waren der Gemeinschaftsgedanke und die Bereitschaft zur gegenseitigen Hilfe sehr ausgeprägt und bildeten einen wichtigen Pfeiler der DDR-Gesellschaft. Fachleistungen, wie Elektroarbeiten, ließen sich durch die Produktionsgenossenschaften des Handwerks (PGH) einholen. Vielfach boten Bauhandwerker aus staatlichen Betrieben ihre Dienste in ihrer Freizeit gegen Geldleistungen in Form von Schwarzarbeit an. Kostspieliger war hingegen die Beauftragung privater Handwerkerfirmen. Inhabern einer Ausbauwohnung wurde deren Einsatz zumeist untersagt, weil die Verpflichtung zur selbstständigen Wohnungsherrichtung bestand und die Kapazitäten der privaten Bauwirtschaft nicht dafür in Anspruch genommen werden sollten. Aufgrund ihrer geringen Zahl waren private Handwerker ohnehin nur schwer zu bekommen. Genauso mühsam gestaltete sich die Ausstattungs- und Materialbeschaffung sowie die Organisation der Transportmittel und Baumaschinen. Beziehungen halfen meist. Ohne Beziehungen war die Bewältigung mancher Alltagsanforderung kaum möglich.

Für die Wohnungsherrichtung hatte man anfangs neben der reinen Arbeitszeit und -kraft alle Kosten selbst zu tragen. Mit Ausgaben von durchschnittlich 25.000 Mark war zu rechnen. Angesichts niedriger Einkommen griffen viele auf die günstigen Kredite der Staatsbank zurück. In den 1980er-Jahren konnten Mieter staatlicher Altbauwohnungen beim Nachweis einer notwendigen Instandsetzung, zu der man sich in Eigenregie verpflichtete, sowie bei Vorlage eines Ausbauvertrages Beihilfen einfordern. Um einen höheren Anreiz zu schaffen, lockte der Staat mit Aufwandsentschädigungen für geleistete Arbeitsstunden, auch für die von Freunden und Kollegen, mit je fünf

Mark die Stunde sowie mit der Kostenübernahme für einen Teil der Materialien. In Reparaturstützpunkten der Kommunalen Wohnungsverwaltungen bzw. der Gebäudewirtschaft standen Maschinen und Werkzeuge zum Ausleihen bereit. Bei Bedarf erhielt man eine Unterweisung zur sicheren und fachgerechten Benutzung von Baugeräten oder Anleitungen zur Durchführung von Reparaturen. Arbeiten an der Elektronik sowie an Gas- und Wasserleitungen durften ausschließlich von Fachhandwerkern der Wohnungsverwaltungen oder der PGHs durchgeführt werden.

Grundsätzlich ließen sich über die 6.800 Verkaufsstellen der Bäuerlichen Handelsgenossenschaft (BHG) Farben, Werkzeuge, Arbeitsbekleidung und Baustoffe beziehen. Die Mengen waren pro Haushalt begrenzt. Je nach Verfügbarkeit wurden beispielsweise nur bis zu fünf Säcke Zement verkauft. Das reichte aber oft nicht aus. Inhabern eines Ausbauvertrags gewährte der Staat ein Anrecht auf Baumaterial. Für den Erhalt war ein Antrag beim Kreis- oder Stadtbauamt zu stellen. Auf diese Weise sollten Verschwendung und Schwarzhandel vermieden werden sowie die staatliche Verfügungsgewalt über die Bauressourcen gewahrt bleiben. Das Amt erteilte Freigabescheine. Diese berechtigten zur Abholung in den Betriebsteilen und Lagern der VEB Baustoffversorgung oder BHGs. Jedoch erwies sich das Zuteilungsmodell als sehr störanfällig. Selbst bei rechtzeitigen Vorbestellungen haperte es oft an der Verfügbarkeit. Selten war alles gleichzeitig und zur passenden Zeit erhältlich. Eine nicht bedarfsgerechte Belieferung der Versorgungsbetriebe durch den Großhandel und fehlende verbindliche Warenbereitstellungspläne machten die von der SED-Führung zugesicherte Baustoffzuteilung an die Bevölkerung zu einem Glücksspiel. Die Materialbeschaffung entwickelte sich für den Bürger oftmals zu einer Odyssee durch den gesamten Bezirk und über dessen Grenzen hinaus von einem Baustofflager zum anderen. Häufig scheiterte es schon am Transport, weil Lastkraftwagen defekt oder in geringer Zahl vorhanden waren. Ende der 1980er-Jahre stand das System vor dem Kollaps. 1988 mehrten sich folgende Meldungen von Versorgungsbetrieben: »Die augenblickliche Versorgungslage der Bevölkerung mit Baustoffen ist auf das seit Jahren niedrigste Niveau gesunken. Unsere Lagerflächen sind fast leer.« Um Lücken einigermaßen zu schließen, half bedingt der Warentausch zwischen den Lagern. Auch Arbeiter-und-Bauern-Inspektionen, welche die Einhaltung der Parteibeschlüsse und Planvorgaben in der Praxis kontrollierten, schlugen Alarm. Sie monierten, dass »trotz aller Bemühungen eine volle Bedarfsdeckung für die Bevölkerung nicht gesichert sei.«

Wer in einem Betrieb arbeitete, hoffte auf Materialzuwendungen, Geräte zum Ausleihen und die Unterstützung der Kollegen. Die staatlichen Wohnraumverantwortlichen rechneten fest mit der Einsatzbereitschaft von Betrieben und Einrichtungen. Sowohl für die örtlichen Räte als auch für die Betriebe sollte sich diese Art der Hilfestellung zum beiderseitigen Vorteil erweisen. Der Betrieb erschloss zur Entlastung des kommunalen Bauwesens eigene Reserven und konnte gleichzeitig die Wohnungsprobleme seiner Belegschaft beheben. Im Jahr 1989 unterstützte beispielsweise der VEB Schweinezucht- und Mastkombinat Eberswalde (SZME) seine Mitarbeiter bei der Herrichtung von sechs Ausbauwohnungen. Vor allem in den 1980er-Jahren erhielten Betriebe und Einrichtungen derartige Wohnungen in größerer Zahl durch die Kommunen zugeteilt. Besonders zu Jahrestagen initiierte der Staat Sonderkampagnen zur Gewinnung von ausbauwilligen Bürgern. Nach diesen suchten Wohnungsbüros von Universitäten gezielt unter ihren Absolventen, die weiterhin als Forschungsstudenten tätig waren und in Wohnheimen lebten. Auf diese Weise sollten Heimplätze für Neubelegungen frei werden. Gleiches galt für Lehrlingswohnheime von Betrieben, in denen unverheiratete Jugendliche bzw. junge Erwachsene nach Ausbildungsabschluss oft verblieben. Trotz der Vorteile für die betriebliche Sozialpolitik ließen sich Ausbauaktivitäten nicht umfänglich erweitern. Sie banden Ressourcen, die oftmals an anderer Stelle fehlten. Selten konnten alle übernommenen

Ausbauwohnungen saniert werden. Tausende blieben ungenutzt in Betriebswohnungsfonds »hängen« und konnten somit potenziellen Interessenten außerhalb der Betriebe nicht angeboten werden. Derweil verfielen die Objekte weiter.

Waren manche Baustoffe und Maschinen über den Betrieb oder gegen Geld nicht zu bekommen, ließen sie sich oft auch tauschen. Ging das nicht vor Ort oder im Bekanntenkreis, wurde in der Zeitung inseriert. Tauschen war eine wichtige Erwerbstaktik. Mit viel Erfindungsreichtum fanden zahlreiche gebrauchte Geräte und Ausstattungsgegenstände weiter eine Verwendung. Auch neuwertige Baumaterialien und Werkzeuge konnten auf diese Weise organisiert werden. Die Tauschnetzwerke und -wege konnten sich in sogenannten »Bogenfahrten« über die gesamte Republik erstrecken, wie der Bericht eines Altbaumieters aus Wernigerode zeigt: »Ich baute ein neues Bad und brauchte noch dringend Fliesen. Von einem Kollegen erfuhr ich damals, dass in Dessau jemand einen Satz Fliesen übrig hätte. Der benötigte für seinen Wartburg bestimmte Ersatzteile. Also fuhren wir los nach Bernburg mit einer Waschmaschine im Gepäck. Dort gab es einen Autoschlosser, der die speziellen Teile gegen eine Waschmaschine tauschen wollte. Nachdem das geklappt hatte, ging es weiter richtig Dessau, wo wir die Fliesen im Tausch gegen die Ersatzteile bekamen. Am Ende dieser Fahrt hatte ich meine Fliesen und konnte das Bad endlich fertigstellen.«

Wer über eine finanzkräftige »Westverwandtschaft« verfügte, konnte sich auch moderne und hochwertige Sanitäranlagen, Tapeten, Öfen, Bodenbeläge oder Fließen leisten. Per Post oder im Zuge des Verwandtenbesuches gelangten die begehrten Bau- und Ausstattungselemente über die Grenze. Wem das zu aufwendig war, kaufte gleich vor Ort. In den Intershops der Bezirksstädte gab es seit den späten 1970er-Jahren gegen DM ein vielfältiges Angebot an Wasserklosetts, Badewannen, funktionalen Duschkabinen sowie hochwertigen Waschbecken und -kommoden mit hochglanzpolierten Armaturen. Diese sanitären Sehnsuchtsobjekte vieler DDR-Bürger entstammten entweder bundesdeutscher Produktion oder wurden in der DDR für das »nichtsozialistische Wirtschaftsgebiet« hergestellt. Beim Betrachten der Ausstellungsstücke konnten Intershopbesucher ohne genügend Forumschecks nur erahnen, was ihnen im Gegensatz zu den Einheitsmustern der DDR-Sanitäranlagenindustrie an Wohnluxus vorenthalten blieb. Der Erwerb und die Installation dieser hochwertigen Einrichtungsgegenstände zur Komfortaufwertung war staatlicherseits bilanziert und somit Bestandteil der Modernisierungsbestrebungen des Wohnungsbauprogramms. Der Staat sparte dadurch nicht nur Ressourcen, sondern erhielt sogar Devisen. Jedoch legte diese Verkaufsstrategie den Grundstein für eine Zweiklassengesellschaft bei der sanitären Wohnungsausstattung, was zwangsläufig Neidreaktionen und eine Unzufriedenheit mit den DDR-eigenen Sanitärprodukten hervorrief.

Wohnungsbesetzung: »Das Schwarzwohnen«

Trotz des offensichtlichen Leerstandes und zunehmenden Verfalls verweigerten Ämter die Zuteilung einer Ausbauwohnung. Gründe konnten der drohende Hausabriss, die Reservierung für lokale Betriebe oder Vorbehalte gegenüber dem Interessenten sein. Somit war einem kleinen Teil der Wohnungssuchenden selbst diese Option verwehrt.

Tausende Bürger besaßen keine Aussicht auf eine Wohnung. Auf den Ämtern fielen sie durchs Raster, weil sie nicht zum bevorzugten Personenkreis zählten. Mancher Antrag fand entsprechend den Vergabegrundsätzen keine Berücksichtigung. In offiziellen Statistiken tauchten sie als Wohnungssuchende nicht auf. Beim Großteil der chancenlosen Wohnungssuchenden handelte es sich um junge Alleinstehende unter 30, die noch bei den Eltern oder im Rahmen einer Ausbildung bzw. eines Studiums in Wohnheimen lebten. Schwer hatten es auch junge, alleinerziehende Mütter aus gescheiterten Ehen. Die ihnen staatlich zugesicherte Bevorrechtigung bei der

Wohnungsvergabe galt nur, wenn die Eltern nicht vor Ort wohnten oder sie über 30 bzw. seit den späten 1980er-Jahren mindestens 25 Jahre alt waren. Alle anderen hatten schlechte Karten, wie eine 22-jährige geschiedene Frau aus Ost-Berlin mit ihrem Baby. Das Wohnungsamt sah vor, dass sie, ihr jüngerer Bruder und das Baby das Kinderzimmer in der elterlichen Wohnung zu teilen hatten. Privatsphäre wurde ihnen nicht zugestanden. Keine Perspektive auf eine Zuweisung besaßen unverheiratete Paare unterschiedlichen oder gleichen Geschlechts sowie alternative Lebensmodelle in Gemeinschaften. Ehe in Kombination mit Nachwuchs war der Schlüssel zur eigenen Wohnung. Aber allen, die diesem klassischen Familien- und Lebensmodell weder folgen wollten noch konnten, hatten oft keine andere Alternative als die Wohnungsbesetzung.

Wohnungsbesetzungen bzw. das Schwarzwohnen waren Maßnahmen der Selbsthilfe. Sie beschränkte sich nicht allein auf den maroden Leerstand, sondern auch auf Neubauwohnungen. Das Schwarzwohnen trat vereinzelt ab den späten 1960er-Jahren auf. Seinen Höhepunkt hatte es in den 1980er-Jahren aufgrund des massiven Leerstands in den heruntergewirtschafteten Innenstädten. Neben den Bezirksstädten lag der Schwerpunkt auf Ost-Berlin. Während die Hauptstadt um die Zehntausend Wohnungsbesetzungen zählte, waren es in Rostock Ende der 1980er-Jahre etwa 600 bis 700. Schon 1979 wurden allein im Ost-Berliner Stadtbezirk Friedrichshain 534 besetzte Wohnungen von den Behörden registriert. Prominenteste Wohnungsbesetzerin ist Angela Merkel. Sie bezog zu Beginn der 1980er-Jahre illegal eine leerstehende Wohnung. Der Impuls kam aus der Not heraus. Nach der Trennung von ihrem ersten Mann hätte sie weiter in der gemeinsamen Wohnung leben müssen, da ihr auf die Schnelle keine Alternativwohnung durch das Amt zugeteilt werden konnte. Eine Wartezeit von zwei bis drei Jahren wurde ihr in Aussicht gestellt.

Im Gegensatz zur Bundesrepublik war die Wohnungsbesetzung in der DDR kaum politisch motiviert, sondern diente zuallererst der Befriedigung des Bedürfnisses nach einer eigenen

Wohnung. Mit dem Schwarzwohnen begab man sich in die Illegalität des Wohnens, was von den Wohnungsämtern als Ordnungswidrigkeit, aber nicht als oppositionelles Verhalten angesehen wurde. Das bewusste Umgehen der staatlichen Wohnraumvergabe zur Schaffung individueller Gestaltungsspielräume und selbst gewählter Lebensfreiräume mag in wenigen Fällen Ausdruck widerständigen Verhaltens gewesen sein. Insbesondere in den Ost-Berliner Bezirken Friedrichshain und Prenzlauer Berg formierte sich eine kleine junge Schwarzwohnerbewegung unter Studenten und Künstlern. Politik, Musik und die Kunst waren gemeinsame Bindeglieder. Die Schwarzwohnung galt als Fluchtort vor der SED-Diktatur mit ihren Vorschriften und Repressionen sowie der permanenten Überwachung. Man schuf sich Freiräume für abweichende, individuelle Lebensentwürfe und -stile. In den 1980er-Jahren kamen republikweit punktuell kulturoppositionelle Wohnkommunen auf. Deren Schwarzwohnungen wurden zu einem Sammelbecken und Treffpunkt verschiedener Milieus, wie die DDR-Punkszene. Diese subkulturellen Gruppierungen bildeten aber unter den Schwarzwohnern eine Minderheit. Gemeinschaftliche Besetzungen ganzer leerstehender Häuser wie in der Bundesrepublik blieben Einzelfälle.

Einzeln oder in der Gruppe suchten Wohnungsbesetzer ihr neues Domizil. Zutritt verschaffte man sich durch das Aufbrechen der Wohnungstür. Komfort besaßen die baupolizeilich gesperrten Wohnungen kaum. Reparaturen in beträchtlichem Umfang waren zumeist nötig, und das auf eigene Kosten. An eine staatliche Unterstützung war nicht zu denken. Viele Bewohner nutzten die verlassenen Objekte als Gestaltungsspielraum. Wände zwischen Wohnungen wurden zwecks räumlicher Vergrößerung durchbrochen, Treppenhäuser farblich gestaltet und Innenhöfe nach eigenen Vorstellungen begrünt. Arbeitskraft und Geld sparte man sich hingegen mit dem illegalen Bezug einer leerstehenden, aber bewohnbaren Alt- oder Neubauwohnung.

Alle Wohnungsbesetzer wussten um die Gesetzeswidrigkeit ihres Handelns. Jederzeit drohte eine Anzeige oder

Zwangsräumung. Permanent bestand eine gewisse Unsicherheit sowie die Angst, entdeckt zu werden. Außerdem kam man langfristig um die Wohnsitzanmeldung bei der Polizei und Post nicht herum. Von Seiten des Staates blieben die meisten unbehelligt, da die Wohnungsämter selten Kontrollen durchführten. Darüber hinaus erfolgte der Informationsaustausch zwischen den Behörden sporadisch. Aufgedeckt wurden illegale Bezüge eher durch Zufall. Die wichtigsten Zuträger waren Nachbarn, die im Schwarzbezug einen Rechtsverstoß sowie die Missachtung einer gerechten Wohnraumvergabe sahen. Wurden Illegale auf diese Weise dem Amt bekannt, folgte die Androhung eines Räumungs- und Strafverfahrens.

Zum verbreiteten DDR-Alltagswissen gehörte, dass ein Schwarzbezug automatisch legalisiert werde und das entstandene Mietverhältnis unkündbar sei, wenn mindestens drei Monate lang die Miete gezahlt würde. 1987 gab es im Berliner Bezirk Prenzlauer Berg 1.270 Schwarzwohner, die monatlich über 30.000 Mark Miete anonym an den Staat entrichteten. In privaten Häusern wurden illegale Bewohner geduldet, solange sie den staatlich festgesetzten Mietbetrag zahlten. Die dreimonatige Mietzahlung führte jedoch nicht zu einem rechtlich wirksamen, unkündbaren Mietvertrag. In der Praxis verbesserte aber der Zahlungsnachweis über Bankquittungen die Verhandlungen mit den Wohnungsbehörden. Bauliche Eigenleistungen, wie Reparaturen und ein großes Engagement bei der Instandhaltung, lagen im Interesse des staatlichen Wohnungswesens und erhöhten die Aussichten auf eine bessere Behandlung sowie einen Mietvertrag. Dieser war schließlich vom Wohlwollen des Sachbearbeiters abhängig. In der Regel wurden Ordnungsstrafverfahren eingeleitet, die auf eine Geldstrafe von 50 bis 500 Mark hinausliefen. Mitte der 1980er-Jahre gingen 50 Prozent der Verfahren mit der Erteilung einer nachträglichen Wohnungszuweisung und der Ausstellung eines Mietvertrages einher. Ende der 1980er-Jahre waren es schon 85 Prozent. Für die Behörden war die Legalisierung langfristig pragmatischer. Zum einen lag die Illegalität keinesfalls im Interesse der SED. Zum anderen waren die Sanktionsmöglichkeiten begrenzt. Räumungen gestalteten sich überaus kompliziert. Laut Zivilgesetzbuch ließen sich Personen aus Wohnungen nur entfernen, wenn entweder Ersatzwohnraum zur Verfügung stand oder eine Zwangsunterbringung in der elterlichen Wohnung bzw. einem Wohnheim für alle unter 30-, später 25-Jährigen in Frage kam. Einer Räumung kamen die Betroffenen meist zuvor, indem sie auf eine andere leerstehende Wohnung auswichen. Angesichts knapper Wohnraumbestände erwies sich die Bereitstellung von Ersatzquartieren als ein aufwendiges und langwieriges Unterfangen. Deshalb kam es zu längeren Duldungen illegaler Wohnverhältnisse seitens der Behörden. Kein Entgegenkommen gab es beim Bezug einer bewohnbaren Altbauwohnung oder gar Neubauwohnung ohne Zuweisung. Prompt folgte ein Räumungsverfahren und eiligst die Bereitstellung einer Unterkunft. Wurde der Aufforderung nicht Folge geleistet, drohten Zwangsgelder bis zu 4.000 Mark.

Arbeiterwohnungsbaugenossenschaft

Für Hunderttausende bildeten die Wohnungsbaugenossenschaften eine Alternative zur kommunalen Wohnungsvergabe. Die Mitgliedschaft blieb nur denjenigen vorbehalten, deren Arbeitsstelle einer AWG angeschlossen war. AWG-Träger konnten Betriebe und Institutionen sein, wie Staatsorgane, Verwaltungen von Massenorganisationen, Universitäten oder einige PGHs. Vor allem kleinere Betriebe waren keiner AWG angeschlossen.

Aufnahme fand man bei einem berechtigten Wohnungsbedarf. Mitzubringen waren weiterhin die Bereitschaft zur Ableistung von Arbeitsstunden und zum einmaligen Erwerb von Genossenschaftsanteilen. Die Zusage zur Beteiligung an der Werterhaltung durfte ebenfalls nicht fehlen. Mindestens 15 Prozent der Baukosten hatten die Mitglieder aufzubringen. In den Gründungsjahren (1953 bis 1957) mussten pauschal

Anteile im Wert von 2.500 DM (der DDR) erworben werden. Davon waren 300 DM bei Eintritt fällig. Der Restbetrag konnte innerhalb von fünf Jahren getilgt werden. Die finanzielle Belastung war enorm. Der Durchschnittsverdienst eines Arbeiters bewegte sich zwischen 250 bis 300 DM. Das und die schwere, zeitaufwendige körperliche Arbeit schreckten in den Anfangsjahren der AWGs viele Wohnungssuchende ab.

Erwachsene und Kinder halfen gemeinsam auf den Baustellen, um die erforderlichen 1.200 Arbeitsstunden in der Freizeit abzuleisten. Manuelle Eigenleistungen umfassten Erdarbeiten für Wasserleitungen, Baugrundarbeiten, Maurerarbeiten, Auskellerungen sowie das Bearbeiten von Steinen, das Zementmischen, den Materialtransport sowie den kompletten Innen-, Dach- und Kellerausbau. In Abhängigkeit von der Mitgliederstärke sowie den handwerklichen Fähigkeiten der Genossenschaftler übernahmen private sowie staatliche Baubetriebe die Erschließung, Projektierung und Bauausführung. Gebaut wurden in den Anfangsjahren bis auf wenige Ausnahmen Mehrfamilienhäuser in Massivbauweise Stein auf Stein.

Seit 1958 hielt schrittweise der industrielle Wohnungsbau Einzug. Die Montage vorgefertigter Großblöcke aus Stahlbeton zum Bau von zwei- bis viergeschossigen Wohnblocks durch staatlichen Baubetriebe dominierte spätestens ab dem ersten Drittel der 1960er-Jahre. Die schwere körperliche Arbeit der Genossenschaftler nahm zugunsten leichterer Tätigkeiten ab, infolge dessen sich die AWGs eines größeren Zulaufes erfreuten. Da vom Ende der 1960er-Jahre an bis zur Auflösung der DDR alle Genossenschaftswohnungen in der mehrgeschossigen Platten- und Großblockbauweise im maschinierten Taktverfahren errichtet wurden, waren die bezirklichen Wohnungsbaukombinate auf den handwerklichen Einsatz der Genossenschaftler beim Rohbau nicht mehr angewiesen. Zum neuen Aufgabenspektrum gehörten nun einfache Schachtarbeiten für Kabelgräben, zum Teil der Innenausbau, der Wegebau sowie Wohngebietsverschönerungsmaßnahmen. Das war für die meisten Interessenten ein bewältigbarer Aufwand. Üblich war, Familienmitglieder, Bekannte und Freunde mit einzuspannen, um mehr Arbeitsstunden abzurechnen. In Ausnahmefällen konnte man seit den 1970er-Jahren einen Teil der Stunden sogar abbezahlen.

Die Leistungs- und Anteilssätze der AWGs wurden den neuen Bauverfahren angepasst. Statt Pauschalbeträgen orientierten sich die Anteile an der Wohnungsgröße. Diese betrugen gestaffelt für eine 1-Raum-WE 1.200 Mark, 2-Raum-WE 1.800 Mark, 3-Raum-WE 2.400 Mark und eine 4-Raum-WE 3000 Mark. Obwohl weiterhin 300 Mark bei Eintritt zu begleichen waren, konnte der übrige Betrag in monatlichen Raten innerhalb von zehn statt fünf Jahren abbezahlt werden. Die Zahl der Pflichtstunden reduzierte sich bis Anfang der 1970er-Jahre schrittweise von 1.200 (Mitte der 1950er-Jahre) auf 300. Alle manuellen Arbeiten und Geldleistungen entsprachen weiterhin 15 Prozent der Baukosten. Die übrigen 85 Prozent wurden über Kredite der AWGs bei den Sparkassen abgedeckt.

Sowohl über die Mitgliederaufnahme als auch die Wohnungsvergabe konnten die AWGs nicht allein entscheiden. Sie mussten sich stets mit den kommunalen und betrieblichen Wohnraumlenkungsorganen abstimmen. Wie bei den Wohnungsämtern und -büros griffen auch hier die staatlich festgelegten Berechtigungs- und Vergabekriterien. Der Wohnungsverteilungsplan wurde vom Genossenschaftsvorstand in Kooperation mit den Leitungen der Trägerbetriebe sowie dem kommunalen Wohnungsamt ausgearbeitet und von der Mitgliederversammlung beschlossen.

In den mitgliederschwachen Anfangsjahren verlief die Aufnahme relativ problemlos. Die Genossenschaften warben durch Plakate sowie Annoncen in Betriebszeitungen oder Mundpropaganda. Die Wohnungszuteilung erfolgte entsprechend der Reihenfolge des Genossenschaftseintritts und den erbrachten Leistungen. Die gewünschte Wohnung war innerhalb von rund drei Jahren bezugsfertig. Mit der zeitweisen Reduzierung und Einstellung des Neubaus für Genossenschaften

Bundesarchiv, Bild 183-1988-0806-005, Thomas Uhlemann

Mitglieder der AWG Elektrokohle Lichtenberg und Deutsche Reichsbahn pflanzen Sträucher entlang der Straßenbahntrasse in der Zingster Straße in Berlin Neu-Hohenschönhausen, 1988.

büßten diese keineswegs an Attraktivität ein, jedoch blieben im Schnitt 60 Prozent der Mitglieder Ende der 1960er-Jahre ohne Wohnung. Die staatliche Förderung unter Honecker bewirkte ab 1971 einen Massenzulauf. Lange Anwartschaftszeiten bis zum Eintritt wurden üblich. Die Verpflichtung zu Mehrarbeit über die erforderlichen Arbeitsstunden hinaus konnte den Aufnahmeprozess etwas beschleunigen. Mitunter honorierten Betriebsleitungen Arbeitskräfte für besonders hervorragende Leistungen am Arbeitsplatz direkt mit einem Schlüssel zur AWG-Wohnung.

Unter Honecker bildete auch bei den AWGs die Dringlichkeit das entscheidende Aufnahme- und Vergabekriterium. Um die Befürwortung der Mitgliedschaft durch die Betriebsgewerkschaftsleitung und Betriebsleitung kam kaum ein Interessent herum. Vorteilhaft war, wenn eine Kombinatsleitung das Statut ihrer AWG umging und direkt Einfluss auf die Vergabe nahm. Höhergestellte Mitarbeiter oder Parteifunktionäre bekamen zumeist nicht nur schneller eine Mitgliedschaft oder Wohnung, sondern auf Wunsch mehr Wohnraum zugewiesen als ihnen zustand. Die Vorstände sowie Mitgliederversammlungen der Genossenschaften hatten in der Regel die Entscheidungen von Kombinatsleitungen zu billigen.

Für viele Betriebsangehörige lohnte sich trotz aller Hürden die AWG-Mitgliedschaft, denn diese erhöhte die Chance auf eine Neubauwohnung. Die landesweite Verteilung sah seit 1976 vor, 60 Prozent der neu gebauten Wohnungen den Genossenschaften und nur 40 Prozent den kommunalen Wohnungsverwaltungen zu überlassen. Einfluss auf die Lage der Wohnungen in einem Wohnkomplex gestattete der Staat den AWGs hingegen nicht. Die Neubauwohnungen wurden zumeist kurz vor der Fertigstellung des Rohbaus den Genossenschaften durch die Wohnungsabteilungen der Räte der Städte zugewiesen. Etwas mehr Einfluss besaßen die AWGs bei Wohnungen in Neubaugebieten oder in kleineren Siedlungen, weil die Leistungen des staatlichen Bauwesens hier geringer ausfielen und der Staat von den Genossenschaftlern deutlich mehr Kraftanstrengungen beim Innenausbau sowie der Wohngebietsgestaltung verlangte als in den Wohnkomplexen.

Die zukünftigen Mieter durften teils Ausstattungswünsche vorbringen. Beim Tapetenmuster, Linoleumbelag, den Badfliesen oder bei der Einbauküche gab es in der Regel zwei Wahlmöglichkeiten. Aller Konformität zum Trotz freuten sich die meisten Familien über die damit verbundene Zeit-, Arbeits- und Kostenersparnis.

Der Gesamtbestand an AWG-Wohnungen betrug 1988 ca. eine Million. 1989 lebte etwa jeder sechste DDR-Bürger in einer Genossenschaftswohnung.

Bundesarchiv, Bild 183-S0806-0025, Benno Bartocha

Montage von Eigenheimen in Burow (Kreis Altentreptow), 1977.

Eigenheimbau

Der schnellste Weg zum Eigenheim war der private Hauskauf. Das Angebot an Objekten blieb in der DDR überschaubar und ein freier Immobilienmarkt wie in der Bundesrepublik bestand nicht. Jeder Kauf durfte nur mit Zustimmung der kommunalen Wohnungsabteilung erfolgen. Dahinter stand nicht nur der umfassende Kontrollwille des Staates, sondern auch das Ansinnen, Wohnraumprobleme zu lösen. War die Zahl der Zimmer zu umfangreich für den Käufer oder wollte dieser nur eine Wohnwertverbesserung erreichen, konnte der Eigentümerwechsel unterbunden werden. Bei attraktiven Objekten in guter Wohnlage bestand oft die Tendenz, diese für besondere Kader und Parteifunktionäre zu reservieren.

Die Alternative zum Hauskauf war der Eigenheimbau. Drei Möglichkeiten gab es. Das waren der staatlich geförderte Eigenheimbau sowie der Initiativbau und das geschenkte

Eigenheim aus der Bundesrepublik. Der Eigenheimbau erwies sich oft genug als Glücksspiel und Abenteuer. Einfach beginnen konnte man nicht. Bei den kommunalen Wohnungsämtern sowie Bauämtern bestand eine Antragspflicht. Für ein staatlich gefördertes Eigenheim musste man sich zusätzlich bewerben, denn es durfte nur eine begrenzte Anzahl pro Jahr gebaut werden. In den Volkswirtschaftsplänen wurde der Eigenheimbau jährlich bilanziert. Die Bauämter auf Kreis- und Stadtebene mussten die benötigten Materialien zweckgebunden für diese Objekte einplanen. In einer Kleinstadt wie Clingen (Kreis Sondershausen) mit ihren 1.200 Einwohnern erhielten innerhalb von zehn Jahren gerade einmal 26 Familien die begehrte Genehmigung.

Die Auswahl der Bewerber trafen eigens dafür gebildete Kommissionen bei den Räten der Städte und Gemeinden unter Leitung des Stadt- oder Gemeinderates für Wohnungswirtschaft. Vorrangig sollten Arbeiter und kinderreiche Familien Berücksichtigung finden. Bestimmt wurden nur diejenigen, deren Wohnungsproblem den Vergabegrundsätzen entsprach und die bereit waren, mindestens 25 Prozent der Bauleistung selbst zu erbringen.

Standorte waren in erster Linie bestehende Einfamilienhaussiedlungen der Groß- und Kreisstädte, aber auch Klein- und Mittelstädte sowie Dörfer, in denen der industrielle Massenwohnungsbau nicht oder nur eingeschränkt erfolgte. Dadurch versuchte die SED ein Mindestmaß an Wohnraumneuzugängen an diesen Orten sicherzustellen.

Die Genehmigung zum Eigenheimbau konnte mehrere Jahre auf sich warten lassen. Einmal erhalten, war sie ein unschätzbares Privileg, welches zwischen 1971 und 1990 knapp 200.000 Haushalten zuteilwurde. Das zukünftige Eigenheim konnte der Bauherr durch einen Architekten selbst entwerfen lassen oder aus einem Typenkatalog auswählen. Etwa die Hälfte aller Eigenheime entstanden als Fertigteilbau in Form von Reihen-, Einzel-, und Doppelhäusern mit ca. 80 bis 120 Quadratmetern Wohnfläche. Im VEB Vereinigte Bauelemente

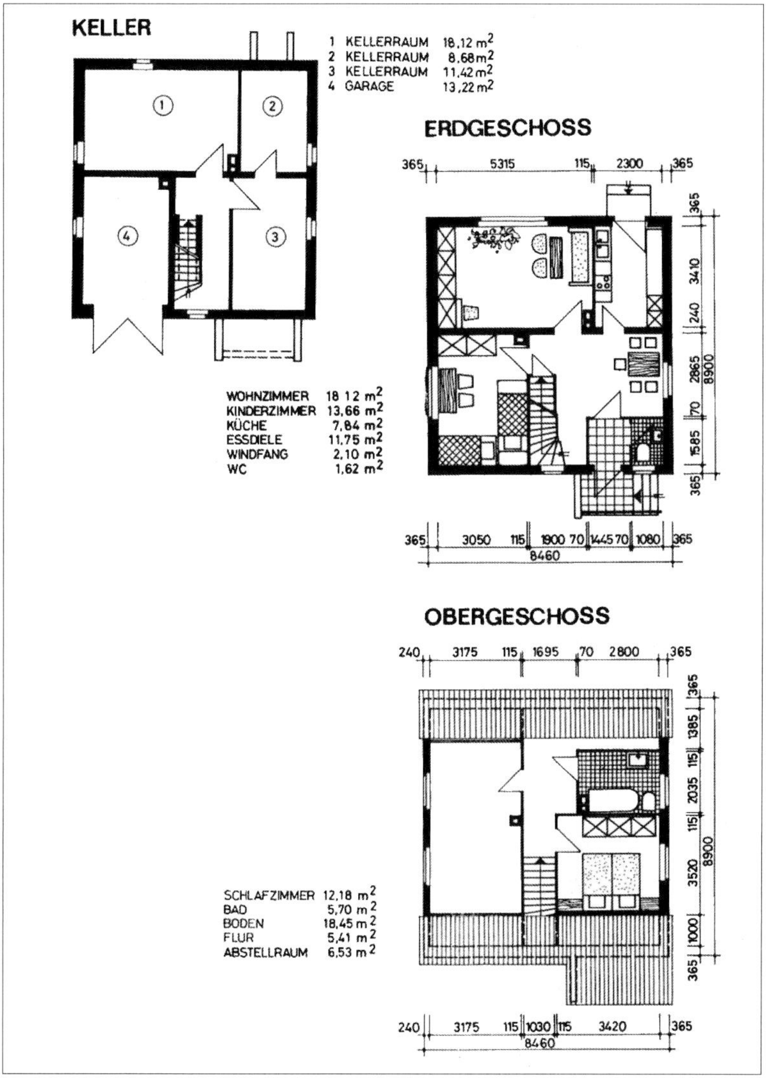

Wikipedia, Ministerium für Bauwesen der DDR

Die meisten Eigenheime basierten, mit kleineren oder größeren Abweichungen, auf dem 1958 entwickelten Haustyp EW 58 (Einfamilienwohnung 58). Die Wohnfläche des schlichten Objektes mit drei bis vier Zimmern, Bad, Küche sowie Flur betrug ca. 70 Quadratmeter.

Stralsund wurden u.a. die Bauteile (Holzkonstruktion mit Dämmstoffen) in Serie gefertigt und durch spezielle Bautrupps vor Ort montiert. Insbesondere LPGs bestellten für Betriebsangehörige Fertigteilhäuser im Rohzustand zur Selbstausgestaltung. Ihren Standort fanden sie stets an Dorfrändern. Je nach Potenzial der LPG errichteten die Baubetriebe im Laufe der Zeit ganze Fertigteilhaussiedlungen. Eine der ersten und größten war diejenige in Pantelitz (Bezirk Rostock). Die Kosten pro Fertigteilhaus bewegten sich zwischen 80.000 und 120.000 Mark.

Günstige Kredite gewährte der Staat. Bauland wurde ebenfalls bereitgestellt. Das notwendige Material gab es sowohl in den BHGs als auch in den staatlichen Baustofflagern auf Zuteilung. Wie beim Wohnungsausbau waren dafür Freigabescheine bzw. Materialbezugsscheine der Kreis- und Stadtbauämter nötig. Wer hingegen die Genehmigung zum Initiativbau erhielt, dem wurden weder Bezugsscheine ausgestellt noch Bauland zur Verfügung gestellt. Initiativbauten waren nicht Teil des Wirtschaftsplanes. Der Bauherr musste alles selbst organisieren und finanzieren. Wer sich darauf einließ, hatte, wie auch die staatlich geförderten Hausbauer, in der Regel die Unterstützung seines Betriebes sicher.

Betriebe und Einrichtungen waren laut wohnungspolitischen Weisungen nicht nur dazu verpflichtet, sondern griffen auch zum Zweck der besseren Arbeitskräftebindung oder zur Anerkennung von Leistungen ihren Angehörigen unter die Arme. Im Schnitt beteiligte sich ein großer Kombinatsbetrieb pro Jahr am Bau von 20 bis 25 Eigenheimen für seine Mitarbeiter. Ganze Betriebskollektive waren in ihrer Freizeit auf der Baustelle eines Kollegen aktiv. Diese Unterstützung war oft nötig, denn Bauämter untersagten zumeist die Einbindung von privaten Handwerkerfirmen. Leisteten die Betriebskollegen keinen Freundschaftsdienst, so konnte ein Betriebshandwerker dem Bauherrn schon um die 12 Mark die Stunde kosten. Auch private Handwerker verdienten sich nebenbei etwas dazu. Dass es sich in beiden Fällen um Schwarzarbeit handelte, störte die Wenigsten.

Wikipedia, Bundesanstalt für vereinigungsbedingte Sonderaufgaben

Hausangebot aus dem Genex-Katalog, 1986.

Genauso illegal gestalteten sich die Bezugswege eines Teils der Baustoffe. Fast alle Hausbauer machten die bittere Erfahrung, dass Freigabescheine keinesfalls den tatsächlichen Erhalt der zugesagten Geräte, Transportkapazitäten, Materialien und Ausstattungen garantierten. Ohnehin waren die vom Bauamt bilanzierten Kontingente zu gering bemessen und vor Schwierigkeiten mit den Versorgungsbetrieben blieben auch Hausbauer nicht verschont. Meist half schon etwas Ideenreichtum, wie man das staatliche Verteilungssystem »austrickste«. BHGs verkauften nur begrenzte Stückzahlen eines jeden Baustoffs pro Haushalt innerhalb eines festgelegten Zeitraumes. Eigenheimbauer veranlassten Verwandte und Bekannte zum Erwerb der jeweiligen Maximalabgabemengen, um so an die notwendigen Bretter oder Zementsäcke zu gelangen. Zwangsläufig begab man sich in die Welt der DDR-Schattenwirtschaft. Das Ausnutzen von Beziehungen und das Schmieren, beispielsweise mit Kaffee, Schokolade oder Bargeld aus der Bundesrepublik, gehörten ebenso dazu wie das Tauschen oder der Diebstahl »sozialistischen Eigentums« von den Baustellen der bezirklichen Wohnungsbaukombinate und Kreisbaubetriebe. »Baustellen galten des Nachts als Selbstbedienungsladen für Kies, Sand oder Steine und alles, was man sonst noch so benötigte«, wie ein Eigenheimbauer aus Merseburg berichtete. Auch Abbruchhäuser dienten als Materialreservoir für Fenster, Türen, Geländer, Ziegel, Bretter, Öfen und Bodenbeläge. Unter Hausbauern ebenso wie unter Wohnungsausbauern gehörte es zum Alltagswissen, sich dort mit allem Fehlenden versorgen zu können. Verbotsschilder, welche auf die Gefahren im Abbruchhaus oder auf der Baustelle hinwiesen, hielten kaum jemanden ab und Skrupel zeigten die Wenigsten. Die Rechtfertigung des Eigenheimbauers aus Merseburg war einfach: »Schließlich handelte es sich um Volkseigentum und wenn der Staat das Versprochene nicht bereitstellen konnte, nahm man sich das Benötigte eben selbst.« Um dem Verselbstständigen von Baustoffen Herr zu werden, griff die Staatsmacht zum Mittel der Aufklärung und Bestrafung. Diese Maßnahmen erreichten in der Regel nicht den gewünschten Erfolg.

Neben Versorgungslücken machten Qualitätsmängel bei den Gebäudeausrüstungen sowie die Verschleppung von Kanalarbeiten und Elektroinstallationen den Hausbauern zu schaffen. Nicht selten konnte erst mit Verzögerung begonnen werden, weil die amtliche Zuweisung von Bauland auf sich warten ließ. Die in Verzweiflung und Wut verfassten Beschwerden und Eingaben über Probleme beim Hausbau gingen zu Zehntausenden bei der Partei- und Staatsführung ein, ohne dass sich grundsätzlich etwas an den Zuständen änderte.

Die zahlreichen Tücken des DDR-Eigenheimbaues persifliert der DEFA-Film »Der Baulöwe« mit dem beliebten DDR-Komiker Rolf Herricht aus dem Jahr 1980. Die kollektiven Alltagserfahrungen der Zuschauer und etwas DDR-Selbstkritik ließen den Film zusammen mit Herrichts Schauspieltalent zum Erfolg werden. Statt Schönfärberei bewegte sich der Film hart an der DDR-Wirklichkeit. Überraschenderweise bildeten Probleme der DDR-Mangelwirtschaft am Beispiel der frustrierenden Suche nach Baumaterialien und Handwerkern sowie die körperlichen Belastungen beim Hausbau zentrale Elemente der Story, die Herricht humorvoll auf die Spitze trieb. Der Komiker selbst sah seine Rolle hingegen mit gemischten Gefühlen: »Wir lachen über einen Mann, der einem Problem nicht gewachsen ist, über das es eigentlich nichts zu lachen gibt. Wir schütten mit unserem Humor ein Problem zu, das viel tiefer liegt, statt seine Wurzeln freizulegen«.

Der bequemste Weg zu den eigenen vier Wänden war das schlüsselfertige, komplett und mit hohem Wohnniveau ausgestattete Fertigteilhaus der Geschenkdienste und Kleinexporte GmbH, kurz Genex genannt. Um in den Genuss eines solchen Hauses zu gelangen, war jedoch eine finanzstarke »Westverwandt- oder -bekanntschaft« notwendig. Bei der Genex handelte es sich um ein Unternehmen der DDR, über das Bürger der Bundesrepublik eine Vielzahl von Waren zumeist westdeutscher Produktion aus einem Katalog (»Geschenke in die DDR«) gegen DM bestellen und direkt in die DDR liefern lassen konnten. Das Angebot reichte von Schokolade, Spirituosen,

Spielzeug bis hin zu Kraftfahrzeugen und eben auch Fertigteilhäusern. Die Häuser stammten im Gegensatz zum Großteil der angebotenen Waren aus der DDR. Seit 1982 produzierte der VEB Fertighausbau Neuruppin ca. 300 hochwertige Fertigteilhäuser pro Jahr. Durch den Einsatz von Maschinen aus der Bundesrepublik und 1.500 Fachkräften gehörte der Betrieb zu einer der modernsten Produktionsstätten auf diesem Sektor in Europa. Der Hausrohbau stand innerhalb von zwei Tagen. Nach 20 Tagen konnte das Objekt mit voller Sanitärausstattung sowie komplett gefliest und tapeziert dem Eigentümer übergeben werden. Modernität, Qualität, Professionalität und Schnelligkeit hatten ihren Preis. Ein Haus kostete zwischen 100.000 und 170.000 DM, weshalb Bestellungen für DDR-Bürger überschaubar waren und Genex-Häuser nur einen marginalen Anteil am DDR-weiten Eigenheimbau besaßen. Rund 20 von ca. 300 Häusern des VEB Fertighausbau Neuruppin wurden jedes Jahr im Auftrag der Genex für Empfänger in der DDR hergestellt. Die Parteiführung sah in den Fertigteilhäusern »Made in GDR« ein doppeltes Gewinngeschäft. Sie waren nicht nur ein Baustein zur Lösung der Wohnungsfrage, sondern auch ein praktischer Devisenbringer. Zum Leidwesen vieler DDR-Bürger überwogen finanzielle Überlegungen. Die übrigen Fertigteilhäuser der Luxusklasse blieben nicht im Land. Der Staat verkaufte sie direkt in die Bundesrepublik, wo die Objekte durch Monteure des VEB Fertighausbau aufgestellt wurden.

Altbaurettung im Wohnquartier (späte 1980er-Jahre)

»Ruinen schaffen ohne Waffen« spottete einst der Volksmund über die Maßnahmen der SED auf dem Gebiet der Erneuerung der Altbausubstanz. Zehntausende unbewohnte Häuser waren ein Fall für die Abrissbirne. Ganze Wohnquartiere wurden bewusst abgeschrieben. Eine bewahrende Sanierung ließ sich mit den überschaubaren Möglichkeiten der Reparaturbetriebe in den wenigsten Fällen auf hohem Niveau realisieren. Aber es mangelte nicht nur an den technischen und fachlichen Voraussetzungen, sondern auch am politischen Willen. Hinter mancher Vernachlässigung stand System. Wohnungsökonomen sowie Stadt- und Verkehrsplanern ging es um die flächenhafte Umstrukturierung historischer Innenstädte. Trotz eines Denkmalpflegegesetzes aus dem Jahr 1975 und einer Instandsetzungsanordnung neun Jahre später kam dem Denkmalschutz in der DDR nur eine beratende Funktion zu. Bauämter setzten sich großzügig über die Bestimmungen hinweg.

Ende 1989 sowie in der Folge sollten mehrere historische, teils denkmalgeschützte Stadtkerne abgerissen werden. Allein in Dresdens Neustadt standen 8.000 Altbauwohnungen zur Disposition. Der enorme kunst- und bauhistorische Verlust rief Unzufriedenheit in der Bevölkerung hervor. Vor allem die betroffenen Bewohner wollten ihren zentralen Wohn- und Lebensraum nicht einfach aufgeben. All das gipfelte schließlich im offenen Protest. Bürger formierten sich in Initiativgruppen bzw. Bürgerbewegungen, um gegen die Pläne vorzugehen. Aktiv begann man, selbstständig und auf eigene Kosten die Bausubstanz zu bewahren. Im Herbst 1989 verhinderten massive Bürgerproteste u. a. in Dresden, Merseburg oder Erfurt einen geplanten Flächenabriss der Altstädte im Rahmen sozialistischer Rekonstruktionsmaßnahmen.

Seit 1978 bestand für das Erfurter Andreasviertel ein Sanierungsstopp, was die bauliche Ruinierung vorantrieb. Im Zuge des Innenstadtumbaus sollte das historische Viertel neuen Wohnquartieren in Plattenbauweise sowie einer vierspurigen Magistrale weichen. In der Öffentlichkeit waren die Pläne des Stadtbauamtes kaum bekannt. In November 1986 wurde erstmals unter Bürgern über die Problematik diskutiert. Dazu traf man sich in den Räumen der »Offenen Arbeit« der Evangelischen Kirche. Um den weiteren Verfall und drohenden Abriss aufzuhalten, gründeten Mitglieder der evangelischen Kirchgemeinden der Altstadt die »Arbeitsgruppe Stadt- und Wohnumwelt«, aus der schließlich die »Bürgerinitiative Altstadtentwicklung« hervorging. Man wollte nicht den Fehler Ende der 1960er-Jahre wiederholen, als wertvolle historische Bausubstanz bei der Errichtung des Juri-Gagarin-Rings mit einer vierspurigen Schnellstraße, elfgeschossigen Wohnscheiben und 16-geschossigen Punkthochhäusern für immer verloren ging. Zu dieser Zeit gab es in der Erfurter Bevölkerung noch gegenteilige Einstellungen zur Bewahrung historischer Bausubstanz. Im Tausch gegen eine Neubauwohnung gaben Eigentümer oftmals bereitwillig ihre kleinen, heruntergekommenen und unkomfortablen Fachwerkhäuschen mit Ofenheizung und Trockentoilette zum Abriss frei.

Ein Teil der Bewohner des denkmalgeschützten Andreasviertels und anderer Altstadtbereiche taten 20 Jahre später indes ihr Möglichstes, um mit allen zur Verfügung stehenden Mitteln sowie der Unterstützung freiwilliger Helfer so viele Häuser wie möglich zu bewahren. Gleichzeitig suchte die Bürgerinitiative nach Öffentlichkeit, denn die Stadtverwaltung schien allen Argumenten des Kultur- und Denkmalschutzes unzugänglich und die Oberbürgermeisterin drängte angesichts der akuten Wohnungsnot auf eine rasche Umsetzung des Rekonstruktionsvorhabens. Ausstellungen in der Michaeliskirche, u.a. zum Kirchentag 1988, führten den Erfurtern die drohende

Bundesarchiv, Bild 183-L1114-0313, Dieter Demme

Neubauten am Juri-Gagarin-Ring Erfurt, 1972.

Zerstörung der Altstadt vor Augen. Mehrere Tausend Besucher kamen. Öffentliche Diskussionen wurden geführt. In der Folge stellten sich zahlreiche entrüstete Bürger hinter das Anliegen der Bürgerinitiativen. Dieser Rückhalt stärkte besonders für Gespräche mit den zuständigen Vertretern der Stadt, denen man alternative Planungen für eine schonendere Bebauung vorlegte. Parallel startete eine Beschwerdekampagne mittels Eingaben auf allen Ebenen. Durch diese Maßnahmen sah sich die Stadtverwaltung zu einem Zugeständnis gezwungen. Abgebrochen wurden von da an ausschließlich Objekte, deren Erhalt nicht mehr möglich war. Aber die Abriss- und Umgestaltungspläne verzögerten sich dadurch nur. Ende des Jahres 1989 sollten sie auf Druck der SED-Bezirksführung verwirklicht werden. Zu dieser Zeit waren mehrere Initiativen zur Altstadterhaltung aktiv, denen die anhaltende Unzufriedenheit der Bevölkerung mit den Zuständen in der DDR und das Umkippen der Stimmung nach den Wahlen zugutekamen.

Gerade der Bauverfall war ein Aspekt der DDR-Wirklichkeit, an dem sich das politische und wirtschaftliche Scheitern der SED-Diktatur offenkundig ablesen ließ. Der drohende Abriss der Altstadt bildete in Erfurt einen zentralen Protestpunkt der Friedlichen Revolution. Und so folgten am 10. Dezember 1989 Tausende Erfurter einem gemeinsamen Aufruf der »Interessengemeinschaft Alte Universität« sowie der »Interessengemeinschaft Altstadtentwicklung« zu einer symbolträchtigen Aktion, bei der die Teilnehmer eine über sechs Kilometer reichende, geschlossene Menschenkette um die Altstadt zogen. Erfolge erzielte schon der wenige Wochen zuvor gegründete Runde Tisch »Arbeitskreis Innenstadt«, dem Bürger, Architekten, Stadtplaner und Politiker angehörten. Ende November erreichte man für das Andreasviertel einen vorläufigen Stopp aller Abbrucharbeiten. Eine Vereinbarung zum Schutz erhaltenswerter Gebäude wurde getroffen, woraufhin Mitglieder der Interessenvereinigungen erste notwendige Sicherungsarbeiten durchführen konnten. Die Arbeit des Runden Tisches sowie einzelne Protestaktionen erzielten eine enorme öffentliche und mediale Aufmerksamkeit, die schließlich zum Einlenken der Staats- und Parteiorgane bis auf Bezirksebene führten. Im Januar 1990 beschloss der Stadtrat offiziell, alle Umgestaltungspläne aufzugeben und stattdessen die Denkmalschutzmaßnahmen der Bürgerinitiativen materiell und finanziell zu unterstützen.

Wohnwende und neue Wohnungsfrage

Mit dem Zusammenbruch der DDR verlor die Wohnungsfrage schrittweise an Bedeutung. Die Neubauwohnung hatte plötzlich als Begehrobjekt ausgedient. Innerhalb kürzester Zeit eröffneten sich neue, ungeahnte Wohnmöglichkeiten. Baumaterial und Ausstattungen gab es ohne Bezugsscheine in nie dagewesenen Mengen und in höherer Qualität. Viele Bürger konnten durch den Bau eines Eigenheimes das nachholen, was ihnen zuvor verwehrt war. Die massenhaft hergestellte und relativ kleine Neubauwohnung stand dem Wunsch nach Individualität und räumlicher Erweiterung entgegen.

Die offene Grenze gewährte den DDR-Bürgern einen Blick in die vielfältigere, farbenfrohere Architektur- und Wohnlandschaft der Bundesrepublik. Das Wohnumfeld in den DDR-Neubaugebieten und das Aussehen der Wohnblocks mit blanken, uniformen Plattenelementen oder grau verputzen Fassaden wurden nun weitaus stärker als trist, unwirklich und unheimelig wahrgenommen. Mit der Wiedervereinigung entwickelte sich eine starke öffentliche und mediale Polemik gegen das Leben in der Neubauwohnung sowie gegen die Architektur des DDR-Wohnungsbaues. Die Neubauwohnung als Errungenschaft der DDR wurde in kürzester Zeit abgewertet. Diese von Verachtung bestimmte Sichtweise kam einer Abrechnung mit dem Regime gleich. Als Symbolträger der SED-Sozialpolitik geriet die Plattenbauwohnung zum Sinnbild eines gescheiterten Systems. Honeckers Wohnungsbauprogramm wurde selbst in der alten Bundesrepublik nicht mehr als vermeintlich positive Wirtschafts- und Sozialleistung der SED wahrgenommen. Vielmehr schien sich die über Jahrzehnte verfestigte Annahme, wonach es in der DDR nur eine geringe Wohn- und Lebensqualität gab, nicht nur bei den Altbauwohnungen in den maroden

Innenstädten, sondern auch bei den Neubauwohnungen zu bestätigen. Die »grauen« Plattenbausiedlungen prägten spätestens mit der Wiedervereinigung das kollektive Bild vom Aussehen der ehemaligen DDR bzw. der neuen Bundesländer, was zur Vorstellung eines bedrückenden, öden und einförmigen Lebens der dortigen Bewohner beitrug. Als abfällige Bezeichnung für die in Plattenbauweise errichtete Neubauwohnung kam der Begriff »Platte« auf und verbreitete sich in der gesamtdeutschen Umgangssprache. In seiner Bedeutung stark negativ belegt, suggeriert er, dass die Neubauwohnung nichts getaugt und über eine geringe Wohnlichkeit verfügt habe.

In den ersten 20 Jahren nach der Wiedervereinigung fand in allen Neubaugebieten und Wohnkomplexen ein Rückbau statt. Der Bevölkerungsschwund in Form einer massiven Abwanderung in die rasant wachsenden Eigenheimsiedlungen und insbesondere in die alten Bundesländer führte zu einem hohen Leerstand. Davon betroffen waren beispielsweise im Jahr 2001 über 6.200 Neubauwohnungen in Halle-Neustadt. Die Einwohnerzahl Halle-Neustadts ging von 90.000 im Jahr 1990 auf 58.000 im Jahr 2000 zurück. Mit dem Strukturwandel traten gerade in Wohnkomplexen und größeren Neubaugebieten soziale Probleme auf, welche den Prozess beschleunigten. Zuerst zog es junge Leute und dann die einkommensstarke Mittelschicht fort. Zunehmend konzentrierten sich dort sozial schwache Bevölkerungsgruppen. Siedlungen gerieten als Brennpunkte für Raubüberfälle, Drogenkonsum, Verwahrlosung und Vandalismus in Verruf. Oftmals boten sie keine Zukunftsperspektive mehr. Mit dem Zusammenbruch der DDR wandelte sich der Wohnkomplex vom erfolgreichen Expansionsmodell zum Sinnbild städtischer Schrumpfungsprozesse. Wohnungsleerstände von über 30 Prozent blieben keine Seltenheit. Aber auch Altbauviertel waren betroffen. Anfang der 2000er-Jahre registrierte die Stadt Leipzig etwa 69.000 unvermietete Alt- und Neubauwohnungen. Der hohe Leerstand in den Plattenbauwohnungen verursachte enorme Kosten. Eine weitere Bewirtschaftung war unrentabel. Das Nachrichtenmagazin »Der

Spiegel« brachte die dramatische Entwicklung zur Jahrtausendwende auf den Punkt: »Da hilft nur noch Dynamit.« Andere forderten, die »Platte platt zu machen.«

Den kostenintensiven Abriss förderte der Bund. 2001 beschloss die Bundesregierung das Programm Stadtumbau Ost, um den städtischen Schrumpfungsprozessen in den neuen Bundesländern begegnen zu können. Finanzielle Hilfen zum Abbruch von 300.000 bis 400.000 Wohnungen bis 2009 bildeten einen Schwerpunkt. Davon betroffen waren neben Altbauwohnungen insbesondere die in der DDR produzierten Neubauwohnungen. Diese Maßnahme brachte für die Bevölkerung eine erhebliche Veränderung ihrer gewohnten, über Jahrzehnte vom DDR-Wohnungsbau geprägten Lebens- und Wohnumwelt mit sich. Unter anderem wurden in Stendal von einst 13.000 WE etwa 6.000 abgerissen. Hohe Abgänge sind ebenfalls in Cottbus mit etwa 9.500 WE zu verzeichnen. Auch der Dresdner Stadtrat beschloss 2002, den Bestand bis 2010 um 7.000 Einheiten zu reduzieren. Vom Abriss waren neben den hochgeschossigen Wohnscheiben vor allem die architektonisch und bautechnisch sehr anspruchsvollen Punkthochhäuser (PH) betroffen. Die Sanierung der Fassade und die Erneuerung der Aufzugstechnik des PH 16, eines vom Wohnungsbaukombinat Erfurt entwickelten Objekttyps aus dem Jahr 1969, erwies sich als besonders kostenintensiv. Vom PH 16 stehen nur noch wenige in Erfurt, Leipzig, Magdeburg und Gera. So schnell wie die Blocks und Hochhäuser durch die Baukombinate errichtet wurden, so schnell kam der Abbruch. In Weißwasser verschwand ein ganzes Neubaugebiet. Zwischen 2002 und 2004 wurde Weißwasser-Süd, wo 1990 die letzten der 2.200 Wohnungen entstanden, komplett abgetragen.

Die durch den Abriss gewonnenen Freiräume schufen Platz für Neues. Auf die Wohnblocks folgten Wald- und Grünflächen, Spielplätze oder Einfamilienhäuser. Industrie und Gewerbe zeigten ebenso Interesse an einer Nachnutzung der Flächen. Deshalb erkannten manche Kommunen im Umbauprogramm trotz radikaler Eingriffe auch eine Chance zur nachhaltigen

Erneuerung und Stärkung. Obwohl die Massenreduktion Maßgabe war, setzte man nicht allein auf den Komplettabriss ganzer Siedlungen. Der Teilrückbau, also die Kombination aus Rückbau durch Abriss und Aufwertungsmaßnahmen in Form von Modernisierungen, erwies sich als attraktive Erneuerungsstrategie. Ein behutsamer Rückbau kam ebenfalls durch den Etagenabbau zum Einsatz. Mehrgeschosshäuser wandelten sich in sogenannte Terrassenhäuser. Die obersten, meist wenig attraktiven und daher selten vermieteten Etagen wurden abtragen und teilweise durch Dachgärten ersetzt.

Parallel zum Rück- und Umbau gewährte der Staat Fördermittel zur Rundumsanierung von Neubaublocks. Außendämmungen, Heizungen, Bäder sowie Fenster konnten erneuert werden. Vielerorts wechselte das triste Grau verputzter Fassaden oder das Braun, Beige sowie Grau der Plattenelemente zugunsten einer bunteren, ansprechenderen Farbgebung. Durch die Modernisierungsmaßnahmen gewannen Neubaugebiete deutlich an Attraktivität und schufen ein Mehr an Lebensqualität. Eine hohe Wohnzufriedenheit ist keine Seltenheit. Dafür stehen Tausende Erstbezieher, die sich noch heute in ihrer Wohnung bzw. ihrem Neubauviertel wohl fühlen.

Nicht alle industriell gefertigten DDR-Wohnobjekte waren oder sind automatisch Abrisskandidaten. Obwohl die Relikte des DDR-Wohnungsbauprogramms bis heute die Öffentlichkeit polarisieren und eine geringe Meinung über die Architekturqualität verbreitet ist, gelten einige Häuser als schützenswert. 1999 wurde z. B. die »Lange Lene« in Leipzig unter Denkmalschutz gestellt, weil das Gebäude laut Landesamt für Denkmalpflege Sachsen ein »seltenes Dokument sozialistischen Städtebaus« ist. Schon 1984 verlieh der Staat dem ersten WBS 70-Block der DDR (Neubrandenburg) eine Denkmalplakette, wodurch das Objekt nach 1990 von Abrissgedanken völlig unberührt blieb.

Eine kritische Auseinandersetzung mit der massenhaften Dezimierung von Neubauwohnungen fand bisher selten statt, obwohl 90 Prozent aller Rückbaumaßnahmen diese

Wikipedia, Michael Sander

Zurückgebauter Neubaublock auf der Pörlitzer Höhe in Ilmenau (Foto: Michael Sander).

Wohnungen betreffen. Unmut entzündete sich vor allem wegen des massenhaften Abrisses gründerzeitlicher Stadtquartiere in Leipzig oder schützenswerter Objekte in historischen Altstädten. Eine daraus hervorgegangene Überarbeitung der Rückbaugrundsätze unterband dies und lenkte den Fokus allein auf die DDR-Plattenbauwohnungen.

2009 beschloss der Bundestag weitere Fördermittel zur Unterstützung von Kommunen und Wohnungsträgern im Rahmen des Programms Stadtumbau Ost, um bis 2016 etwa 200.000 bis 250.000 Wohnungen in wirtschaftlich strukturschwachen, besonders stark vom demografischen Wandel betroffenen Gegenden vom Markt zu nehmen. Die anvisierte Zahl von 500.000 rückgebauten Neubauwohnungen seit Beginn des Stadtumbauprogramms ließ sich bis 2016 nicht realisieren. Zwischen 2001 und 2018 wurden etwa 334.000 WE in den neuen Bundesländern sowie in Ost-Berlin abgerissen. Im Freistaat Sachsen waren es bis 2022 rund 126.300 WE.

Am Rückbau wird weiterhin festgehalten. Zur Verhinderung eines akuten Wohnungsleerstands müsste einer Prognose von Wohnungsökonomen aus dem Jahr 2018 zufolge die Marke von 624.000 Abrisswohnungen bis 2030 erreicht sein. Dieses Ansinnen scheint sich aber nicht zu verwirklichen. Die Bereitschaft zu einer radikalen Bestandsreduktion ist seit einigen Jahren rückläufig. Kommunen fokussieren sich weit mehr auf die zuvor beschriebenen punktuellen Eingriffe, bei denen durch einen Teilrückbau einzelne Blocks aus den Neubaugebieten herausgenommen sowie umgebaut werden. Flächenabrisse finden nur noch in Orten mit einer kontinuierlich sinkenden Einwohnerzahl statt. Dazu gehört die ehemalige Bezirksstadt Suhl. Geht es nach Plan, wird 2025 das Neubaugebiet Suhl-Nord (1990 etwa 5.000 WE) komplett aus dem Stadtbild verschwunden sein.

Rückkehr der Wohnungsfrage

Durch allzu düstere Prognosen über den Wohnraumbedarf wurden in einigen Orten zu viele Wohnungen abgerissen. Das betrifft die Boom-Städte der 2000er- und 2010er-Jahre. Auf einen massiven Bevölkerungsschwund folgt bis heute ein kontinuierlicher Zuzug. Hohe Mieten und knappe Kapazitäten in den begehrten Wohnlagen der Innenstädte führten zu einem Revival der »Platte«. Spätestens Ende der zweiten Dekade des 21. Jahrhunderts ist die Neubauwohnung wieder en vogue. Mutige Investoren und Architekten entdecken angesichts rationeller Grundrisse und geringer Kosten die Systembauweise der Blocks für sich, um zeitgemäße Wohnräume nach neuesten energetischen Standards aus alten Plattenbauwohnungen zu schaffen. Die sanierte oder umgestaltete Neubauwohnung avanciert zu einem begehrten Wohnobjekt in den Wachstumsstädten der neuen Bundesländer. Die Wohnungen punkten durch ihre Größe, Funktionalität, praktische Zimmeraufteilung und nicht zuletzt durch bezahlbare Mieten. Das macht sie gerade für junge Menschen und Familien attraktiv. Aufgrund der hohen Nachfrage kann der Interessentenkreis in Großstädten wie Berlin, Leipzig, Erfurt, Jena oder Rostock, aber auch in Mittelstädten wie Weimar und Gotha, schon nicht mehr vollständig bedient werden. Seitdem kursiert das Wohnen erneut in den Schlagzeilen und gibt Anlass für lokalpolitische Auseinandersetzungen. Die Wohnungsfrage kehrt zurück auf die politische Agenda und in den Lebensalltag der Bevölkerung. Nach Jahren eines überschaubaren sozialen Wohnungsbaus, dem Rückbau Hunderttausender DDR-Neubauwohnungen und vor dem Hintergrund rasant steigender Mieten herrscht erneut ein Wohnungsnotstand in einigen Mittel- und Großstädten der ehemaligen DDR.

Abkürzungsverzeichnis

AWG	Arbeiterwohnungsbaugenossenschaft
BHG	Bäuerliche Handelsgenossenschaft
DDR	Deutsche Demokratische Republik
DEFA	Deutsche Film AG
DM	Deutsche Mark
FDJ	Freie Deutsche Jugend
FDGB	Freier Deutscher Gewerkschaftsbund
GDR	German Democratic Republic
Genex	Geschenkdienste und Kleinexporte GmbH
HO	Handelsorganisation
KPdSU	Kommunistische Partei der Sowjetunion
KWV	Kommunale Wohnungsverwaltung
LPG	Landwirtschaftliche Produktionsgenossenschaft
MfS	Ministerium für Staatssicherheit
NAW	Nationales Aufbauwerk der DDR
NÖS	Neues Ökonomisches System der Planung und Leitung der Volkswirtschaft
ÖSS	Ökonomisches System des Sozialismus
PH	Punkthochhaus
SBZ	Sowjetische Besatzungszone
SDAG Wismut	Sowjetisch-Deutsche Aktiengesellschaft Wismut
SED	Sozialistische Einheitspartei Deutschlands
SZME	VEB Schweinezucht- und Mastkombinat Eberswalde
VEB	Volkseigener Betrieb
WBK	Wohnungsbaukombinat
WBS 70	Wohnungsbauserie 70
WE	Wohneinheit
ZK	Zentralkomitee

Auswahlbibliografie

Bechmann, Denis: Die Wohnungsfrage an der Friedrich-Schiller-Universität Jena 1967–1975 (= unveröffentlichte Magisterarbeit Friedrich-Schiller-Universität Jena), Jena 2014.

Bollmann, Ralph: Angela Merkel. Die Kanzlerin und ihre Zeit. Biografie, München 2021.

Bouvier, Beatrix: Die DDR – ein Sozialstaat? Sozialpolitik in der Ära Honecker, Bonn 2002.

Buck, Hannsjörg F.: Mit hohem Anspruch gescheitert. Die Wohnungspolitik der DDR, Münster 2004.

Fügener, Katrin/Stutz, Rüdiger/Thieme, Theresa: Bauen und Wohnen in Jena II. Der Wiederaufbau zwischen »verlorener« Mitte und »neuen Wohnkomplexen« 1945–1971, Jena 2020.

Fulbrook, Mary: Ein »ganz normales Leben«? Neue Forschungen zur Sozialgeschichte der DDR, in: Timmermann, Heiner (Hrsg.): Das war die DDR. DDR-Forschung im Fadenkreuz von Herrschaft, Außenbeziehungen, Kultur und Souveränität, Münster 2004, S. 115–134.

Gentner, Cortina: WohnWenden. Wohn- und Wendegeschichten aus Brandenburg, Münster 2007.

Grashoff, Udo: Schwarzwohnen. Die Unterwanderung der staatlichen Wohnraumlenkung in der DDR, Göttingen 2011.

Hannemann, Christine: Die Platte. Industrialisierter Wohnungsbau in der DDR, 3. Aufl., Berlin 2005.

Keller, Carsten: Leben im Plattenbau. Zur Dynamik sozialer Ausgrenzung, Frankfurt am Main 2005.

Maaß, Anita: Wohnen in der DDR. Dresden-Prohlis: Wohnungspolitik und Wohnungsbau 1975 bis 1981 (= Magisterarbeit Technische Universität Dresden, 2002), München 2006.

Mählert, Ulrich: Kleine Geschichte der DDR, 7. Aufl., München 2010.

Meggle, Margarete: Zwischen Altbau und Platte: Erfahrungsgeschichte(n) vom Wohnen. Alltagskonstruktion in der Spätzeit der DDR, am Beispiel der sächsischen Kleinstadt Reichenbach im Voigtland (= Diss. Friedrich-Schiller-Universität Jena), Jena 2004.

Saldern, Adelheid von: Die Platte, in: Sabrow, Martin (Hrsg.): Erinnerungsorte der DDR, München 2009, S. 301–312.

Schmidt, Manfred G.: Sozialpolitik der DDR, Wiesbaden 2004.

Schmidt, Stefan: »Jedem eine Wohnung« – Partizipationsmöglichkeiten der DDR-Bevölkerung am Beispiel der Wohnungspolitik der SED in den 1970er Jahren, in: Hallische Beiträge zur Zeitgeschichte 18 (2008), S. 27–62.

Steiner, Andrè: Von Plan zu Plan. Eine Wirtschaftsgeschichte der DDR, München 2004.

Tesch, Joachim: Der Wohnungsbau in der DDR 1971–1990. Ergebnisse und Defizite eines Programms in kontroversen Sichten, Berlin 2001.

Tesch, Joachim: Wurde das DDR-Wohnungsbauprogramm 1971/76 bis 1990 erfüllt?, in: UTOPIE kreativ, Sonderheft 2000, S. 50–58.

Topfstedt, Thomas: Wohnen und Städtebau in der DDR, in: Flagge, Ingeborg (Hrsg.), Geschichte des Wohnens, Bd. 5: 1945 bis heute. Aufbau, Neubau, Umbau, Stuttgart 1999, S. 419–562.

Weber, Hermann: Die DDR 1945–1990, 5., aktual. Aufl., München 2012.

Wolle, Stefan: Die heile Welt der Diktatur. Alltag und Herrschaft in der DDR 1971–1989, 4. Aufl., Berlin 2013.

Wolle, Stefan: Der große Plan. Alltag und Herrschaft in der DDR 1949–1961, Berlin 2013.

Quellen

Neben der einschlägigen Forschungsliteratur wurden ungedruckte und gedruckte Quellen verwendet. Die staatlichen Archive in den neuen Bundesländern sowie in Berlin verfügen über umfangreiche Bestände mit Schriftgut des DDR-Staats- und Parteiapparates zum Bereich Wohnen. Diese Publikation stützt sich vor allem auf Material aus thüringischen Archiven (z. B. die Bestände Bezirksleitung der SED Erfurt und Kreisleitung der SED Sömmerda im Landesarchiv Thüringen – Hauptstaatsarchiv Weimar). Kenntnisse über den DDR-Wohnalltag konnten u. a. aus Mitschriften von Zeitzeugengesprächen gewonnen werden. Fachzeitschriften und spezielle Monografien von DDR-Verlagen ergänzten diese. Weiterhin wurden Veröffentlichungen der Staats- und Parteiführung zum Wohnungsbau und zu den Parteitagen herangezogen. Gleiches gilt für die Statistischen Jahrbücher der DDR. Bei Interesse können die genauen Quellenangaben über die Kontaktmöglichkeiten der Landeszentrale für politische Bildung Thüringen beim Autor erfragt werden.